亲历中国丛书 ｜ 李国庆　主编

大汉子民

晚清社会观察

[英] 余恩思 ——————— 著

邹秀英　徐鸿　李国庆　译

九州出版社
JIUZHOUPRESS｜全国百佳图书出版单位

图书在版编目（CIP）数据

大汉子民：晚清社会观察 /（英）余恩思著；邹秀英，徐鸿，李国庆译. -- 北京：九州出版社，2025. 3. （亲历中国丛书 / 李国庆主编）. -- ISBN 978-7-5225 -3812-9

Ⅰ. K252.06

中国国家版本馆CIP数据核字第2025A5E625号

大汉子民：晚清社会观察

作　　者	［英］余恩思
译　　者	邹秀英　徐鸿　李国庆
策　　划	李黎明
责任编辑	张艳玲
出版发行	九州出版社
地　　址	北京市西城区阜外大街甲 35 号（100037）
发行电话	(010)68992190/3/5/6
网　　址	www.jiuzhoupress.com
印　　刷	北京捷迅佳彩印刷有限公司
开　　本	880 毫米 ×1230 毫米　32 开
印　　张	7.75
字　　数	140 千字
版　　次	2025 年 6 月第 1 版
印　　次	2025 年 6 月第 1 次印刷
书　　号	ISBN 978-7-5225-3812-9
定　　价	62.00 元

SONS·OF·HAN

漢人

BY
BERNARD
UPWARD.

LONDON·MISSIONARY·SOCIETY.

1908 年英文版封面

THE
SONS OF HAN

Stories of Chinese Life and Mission Work

BY THE
REV. BERNARD UPWARD
(HANKOW, CENTRAL CHINA)

WITH SEVENTY-FOUR ILLUSTRATIONS

London
LONDON MISSIONARY SOCIETY
16 NEW BRIDGE STREET, E.C.
Trade Agents
MESSRS. SIMPKIN, MARSHALL, HAMILTON, KENT & CO., LTD.
1908

1908 年英文版扉页

总　序

《亲历中国丛书》的策划始于 2002 年，那时国家图书馆出版社还叫北京图书馆出版社，时任社长郭又陵先生来我校访问，我带他浏览了本馆所藏的大批与中国有关的西文旧籍。其时自改革开放后兴起的又一次"西学东渐"热潮正盛，域外汉学和中国学的经典作品在被有系统、成体系地引进。我们觉得，东西方文化的接触和交流，离不开旅行家、探险家、传教士以及后来的外交、商务人士和学者。这些来华外国人的亲历纪实性著作，虽然不是域外汉学的主流，也是与汉学和中国学紧密相关的材料，值得翻译出版。郭社长回去后邀请中国中外关系史学会会长耿昇先生担任共同主编，获得首肯。耿先生并为丛书作序，确立宗旨如下："《亲历中国丛书》只收入来华外国人的亲历纪实性著作，包括探险记、笔记、考察报告、出使报告、书简等。内容力求客观、公允、真实，并兼顾其科学性和可读性。在允许的范围内，力求满足中国学术界的需要，填补空白和弥补不足之处。"也就是说，集中从一个方面配合方兴未艾的对西方汉学（中国学）的研究，提供国内难得一见的资料。

　　经过 2 年的运作，第一批 2 种译作于 2004 年面世，反响颇佳。至 2010 年，《丛书》出满 10 种，耿昇先生退出，改由郭又陵社长共同主编，笔者写了新序，装帧也更新了。接下来的 6 年又出版了 10 种，郭社长荣休，出版社领导更替，此后只履约出版了 3 种签了合同的书稿，《丛书》的出版于 2019 年告一段落。

　　回顾历程，必须感谢郭又陵社长作为出版家的远大眼光和胸襟。这部丛书的经济效益或许并没那么好，社会影响却出乎意料的好。《丛书》中的《一个传教士眼中的晚清社会》获 2012 年度引进版社科类优秀图书奖，《古老的农夫　不朽的智慧——中国、朝鲜和日本的可持续农业考察记》被评为第十三届引进版社科类优秀图书，于 2002 年正式启动的国家清史纂修工程曾有意把它纳入，因技术原因未果。学界热烈欢迎这类域外资料，从中发现不少有用的材料。比如《我看乾隆盛世》，书名几成口号，内容被多种著作引用。即便是民间，该书也引起一些有趣的反响。比如《我的北京花园》中立德夫人客居的到底是哪个王公的园子，一批网友曾热烈地探讨过。其作为史料的意义，更是突破了最初设想的汉学范畴，日益彰显丰富。简而言之，因为《丛书》所选的西文旧籍都是公版书，当初截止于晚清，目前已扩展至民初，差不多涵盖整个近代。

　　近代史料的形式多种多样，过去相当一段时期，学界对与政治史相关的档案文献关注较多，其他，尤其是与当时中国的地方政治、经济、社会、文化、人物等相关的记载被相对忽略。本丛书所收集的纪实性著作的作者包括政府官员、军人、商人、传教士、学者、旅行家等。他们游历经验丰富，受过良好教育，在中国的时间少则半年，多则几十年，其中许多人还对中国社会的发展产生过重要的影响。他们对在中国的所历、所见、所闻做了细致深入的观察和记录。因为记录者是外来人，从而对中国人习以为常的事物天然地怀着某种好奇，对中国人无意识或不屑记录的内容的转述，到今天恰恰成为极为珍贵难得的史料。又因为近代中国天翻地覆的变化，当年各地的山川风物和社会百态多已烟消云散，却被凝固在这些西方人的著述当中了，就像琥珀中的昆虫，历尽岁月，依然栩栩如生。它们不但是研究中外关系、中外文化的互动等方面的极其重要的第一手资料，还是研究中国近代社会生活史方面的重要资料，正可以补上述之阙。换言之，这类旧籍有如一个包罗万象的宝库，不但人文社会科学的不同学科都有可能从中发掘出有用的材料，一般读者也可把他们当作 Citywalk 的指南，据以追怀各地的当年风貌，得到有趣的阅读体验。

　　我们还要再次强调，整理、翻译、出版这一系列丛书的目的，是为了保留历史资料，因而尽量少做删节，也不在文中横加评论。但是这些书的原作者，都来自 100 多年前，那样的时代，身份各异，立场多样，有些人免不了带有种族优越、文化优越和宗教优越的心态，行文当中就表现出对当时的中国、中国人、其他宗教、其他文化等的歧视。也许还有个别人是怀着对中国进行宗教侵略、思想控制、殖民控制等目的来到中国的。希望读者在阅读这些文字时，既有海纳百川的胸怀，也有清醒的认识；既要尊重他人的善意旁观，也要站稳自己的立场；对一些恶意的观点，坚持批判的态度。

因此，同样非常感谢九州出版社同仁的眼光和胸襟，愿意接过这套丛书继续出版。我们的计划是一边先再版早期的反响良好的译作，一边逐步翻译新书。再版的译文都请原译者修订一过，唯当初的翻译说明或序言之类一仍其旧，以存历史，特此说明。

李国庆

2023 年岁末于哥伦布市细叶巷

翻译说明

本书作者原名 Bernard Upward，音译为伯纳德·厄普沃德，这里采用的中文名出于书中的一份护照。他的生平资料很少。我们目前只查到他是英国人，出生于1873年，1897年被英国伦敦会派来汉口传教。1907年4月号的《美国神学学刊》（*The American Journal of Theology*）载有他参与撰写的一篇文章，注明他是汉口伦敦会传教士（vol. 11, no. 2, p. 185—216）。英国传教士、记者埃德温·丁格尔（Edwin John Dingle，中文名丁乐梅，1881—1972），在他描写辛亥革命的《中国革命记：1911—1912》（*China's Revolution*: 1911-1912）中，注明有两章是出于余恩思之手（第十三章"袁世凯"和第十五章"导致革命爆发的一些因素"），书中的许多照片也是他提供的。《武汉地方志·武汉市志（1840—1985）》上有简略的一条，说他"1926年受汉口协和医院院长纪立生派遣，与汉口地皮大王刘歆生之子刘西满联系获得13亩赠地，使该院得以建成"。由此可见，他在中国至少生活了近30年。

作者在"前言"中说到本书的缘起、读者对象和目的：受英国伦敦总会之邀，写给英国青少年看，希望能以此吸引他们加入或支持海外传教事业。因此，本书不像一般的传教士著作那样充斥着似是而非的政局分析、枯燥乏味的宗教说教或对中国事物的一知半解，而是以生动活泼的语言，描述了他们在中国的活动，包括兴学启蒙、行医救人，以及中国人的性格习惯、文化风俗、日常生活，特别是儿童和女子的状况。上述种种，加上所附的大量照片（74张），虽然历时已久，不够清晰，仍十分难得地为我们保留了一些100多年前武汉地区的社会资料。

也因为本书的性质，除了学术界可用它作研究资料以外，一般读者，尤其是年轻一代，也可以把它当前朝故事来读。作者写这本书时（1907年），清朝已到末路。此后百年，政权几度更迭，思潮来来往往，人世纷纷扰扰，中华走向了共和国。今昔对比，读者或能从本书所描写的看出我们的社会风俗、民族性格、教育方式、医食住行，到底有多少进步。当然，余恩思是个传教士，写作本书时念念不忘的是他的传教事业。对于由此而生的荒谬之处，读者自可会心一笑而置之。如能敞开胸怀，或许也能自本书拾得吉光片羽。

本书底本是英国伦敦会1908年版的 *The Sons of Han: Stories of Chinese Life and Mission Work*。译文是三人合作的成果。具体而言，邹秀英译了第1—6和第11—12章，徐鸿译了

第7—10章，本人译了正文目录、插图目录和作者前言，并审校了全稿。两位女士尽管是第一次为《亲历中国》丛书翻译，译稿都既忠于原文，又生动流畅，所以并不需我做多少改动，不敢掠美；如果有错，其责还是在我，亦不敢推卸，特此说明。

李国庆

2012 年 6 月于俄亥俄州立大学镜湖畔

作者前言

这是一本图文并茂的青少年读物，也可以看作是传教士的老生常谈。

本书主旨是介绍中国人的生活和在这个伟大的民族中传教的一些情况。这个题目是如此宽泛，选择便成了最大的困难。儿童生活丰富多彩，本书可以很容易就被他们的故事和活动填满。民间传说也是个有趣的话题，材料极其充沛，包括许多神奇的故事。巨细无遗地描述我们在华中地区传教工作的各个方面，恐怕不是个好办法，因为本书意在向年轻读者介绍我们对这个伟大民族的观察，而且我们越了解，对她就越热爱。所以作者选择了几个在传教士看来较为突出的中国人生活的方面，用笔和相机呈现给年轻读者，希望今日播下兴趣之种，来年结出事业之果。

余恩思

1907 年 7 月于汉口

目　录

第一章　让我们想象 / 001

第二章　到汉口 / 015

第三章　学习新课 / 038

第四章　"布道之旅" / 053

第五章　走乡串户 / 075

第六章　男孩女孩 / 103

第七章　玩耍时光 / 123

第八章　庆典节假 / 138

第九章　快乐一天 / 157

第十章　医生病人 / 173

第十一章　另一家医院，访问麻风病人 / 190

第十二章　兴学启蒙 / 205

插图目录

汉口附近的一座古桥 / 002

我们在中国的工作点 / 004

汉江口，永远樯橹林立 / 006

武昌 / 008

张之洞 / 010

汉阳一景 / 012

繁忙的码头 / 014

武昌洪山宝塔 / 016

孔庙大门 / 018

中国新式骑兵 / 020

蜂拥而出看洋人 / 022

宝塔废墟，海拔 4000 英尺 / 024

长江上的船 / 026

长江美景 / 028

挖泥者 / 030

运淤泥 / 032

汉口是怎样增高的 / 036

怎样"握手" / 040

礼拜者出庙 / 042

在每一座高山上 / 044

在每一棵绿树下 / 046

"山上有座庙" / 050

护照 / 054

我们的船 / 058

撒网 / 060

抓小鱼的尖底网 / 062

木排 / 064

好奇的村民 / 066

等待洋人到来 / 070

灵山湖卜师之家 / 072

稻田 / 076

插秧 / 078

李家集的桥 / 080

樟树环绕的名寺 / 082

财神庙 / 084

三店城墙 / 086

刘牧师给村民讲道 / 090

看新建铁路布告 / 096

我们离开三店，村民跟过玉米田 / 098

危桥 / 100

中国婴儿 / 104

婴儿塔 / 106

留守妇女 / 110

带小女儿出门的方式 / 114

在汉口和武昌的传教士 / 120

庭院秋千 / 124

刘牧师之子于 1907 年 5 月在汉口学院运动会上获撑竿跳高
　　冠军 / 126

中国的野花 / 128

骑水牛 / 130

一个抱着洋娃娃的幸福"母亲" / 134

割芦苇者 / 140

乡村寺庙 / 142

"吃完啦!" / 144

祖宗牌位 / 148

一座猪坟 / 150

舞龙队 / 152

挑麦回家的小收麦人 / 154

新娘新郎 / 158

贞节牌坊 / 162

如画的中国农舍 / 166

"来看传教士啊!" / 172

麻风病女孩 / 180

康复中 / 182

汉口第一码头,英租界工部局 / 184

"繁忙喧嚣的汉口" / 186

我们的汉口医院病房 / 192

一个老乞丐 / 194

身体畸形的乞丐 / 198

麻风病人跟傅乐仁医生玩耍 / 200

学院的学者和老师，杨格非博士居中 / 206

写作课 / 210

魏小姐上课 / 212

新学院奠基 / 216

高中生做体操 / 220

第一章　让我们想象

让我们来想象吧！从孩提时代起我们就开始玩这种想象游戏了，所以现在再玩一次应该是轻车熟路。你只需凭借我提供的文字和照片，想象与你的牧师一道置身于中国华中地区，看他所看、听他所听、了解他所了解的有关这个被称为中国人的优秀民族的一切：他们的生活、工作和休闲，他们那些与我们的不同的习惯，他们的快乐和忧伤、迷信和希望。这是一个几近伟大的民族，而一旦这些汉人（这是他们津津乐道的自称）投入基督教的精神怀抱，得到急需的道德力量和基督品格，她就必将成为一个真正伟大的民族。

我们得先上一堂地理课。因为你们大部分时间将身在汉口——这个帝国的中心，对它有所了解将有助于你们度过几天快乐的时光。

打开一本地图集，翻到中国地图那页并仔细观看，你会发现，这是一个地域无比辽阔的国家。事实上，它如此之大，几乎与欧洲大陆的面积相等。每个省的名称发音都很难。除

⊙ 汉口附近的一座古桥，远处是绵延的山脉

非你亲耳听中国人是怎样说的，你很难把它发准。把手指尽可能地放在地图中间，你多半会指向湖北省的某个地区。在一张小地图上，湖北省看上去并不大，但我们得记住，它的面积几乎是英格兰岛的一半。它有 67 个县，比英格兰几乎多一倍，而人口则多达 3400 万。换句话说，湖北占地 70450 平方英里，每平方英里约有 500 人。

湖北的中部是一片富饶的平原，古老的扬子江①（the Yangtse River）从中流淌而过。它起源于遥远神秘的西藏高原，黄色的江水在宽达 1 英里的江面上向东奔腾，注入 800 英里以东的东海。在以后的章节中我们会更多地谈到这些"黄色江水"给扬子江流域居住的人们所带来的喜悦与忧伤。

这片平原的中心坐落着三个彼此相邻的名镇，正好位于由北而下的汉江与扬子江的入口处。其中，位于汉江口对面、扬子江东岸（扬子江在此处从南向北流去）的武昌，是湖北的省府所在地，一个政治和教育中心。著名的爱国政治家张之洞总督就住在这里。杨格非②博士如此评价他："湖广总督张之洞在中国官吏中占据着独特位置。他学识渊博，见多识广，

---

① "洋"意为"海洋"，"子"即"儿子"。——原注。译者按：洋子江是扬子江的别名，本来指的是从江苏省扬州以下至入海口的长江下游河段，因古有扬子津渡口而得名。由于它是西方传教士最先听到的长江名字，"扬子江"（the Yangtse River）在外语中也就代表了整个长江。

② 杨格非（格里菲斯·约翰，Griffith John，1831—1912），又译杨约翰、杨笃信，英国伦敦会的来华传教士之一，中国华中地区基督教事业的开创者。——译者注。下同。除非另有说明。

⊙ 我们在中国的工作点

睿智精明，不知倦怠。他有刚强的意志，非凡的胆量。作为一名朝廷要员，他的杰出之处在于他对治下所属人民的绝对忠诚和对整个帝国的鞠躬尽瘁。他在中国官吏中是一个少有的人才。他似乎天生就不贪财。在这个帝国，他本可能成为一个大富翁，但事实上他却是个穷人……财富进了他的衙门，却都用在公共和慈善事业上。他是当今中国最了不起的人物之一。"①

如果在这个巨大的城市里转悠一天（它的确大，环绕的城墙长达 8 英里），你将不难发现，经过张之洞的治理，这个城市已充满了官吏、学生、士兵和工厂。据说，武昌聚集了 50 个衙门，有 2000 多名官吏住在这里，耐心地等待着金钱买就或考试成功带来的升迁机会，而他们中 10 人里至少有 1 人在衙门或与衙门相关的部门工作。武昌有很多官办的学堂。由于这些学堂的建制半华半洋，随处可见的身着制服的学生就成了武昌的一道风景。蛇山横卧市区。从蛇山往下看是一排接一排的军营，挤满了在西洋教官调教下进行操练的士兵。还有无数的高大烟囱，讲述着张总督为其治下的人民长治久安而进行的种种不懈努力。

人们传说，在几年前，一些迷信的中国人开始对总督的新政有意见，担心大烟囱里冒出的黑烟会给这座城市带来厄运。

---

① 引自《中国的唯一希望》序。——原注。译者按：《中国的唯一希望》是张之洞《劝学篇》英文译本的名字。美国南长老会传教士吴板桥（Samuel Isett Woodbridge, 1856—1926）译，杨格非作序。

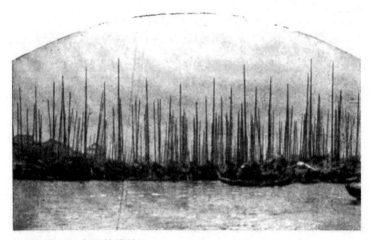

⊙ 汉江口，永远樯橹林立

为了安抚民心，总督大人重金奖赏，看谁能撰文把这些烟囱描绘得最好。通过这种方式，他既可为自己心爱的事业确保好名声，也可为支持这些事业的文人们提供一个唱赞歌的机会。果然，一位学究欣然提笔，将这些烟囱比喻为"在天空上画出中国财富的命运之笔"。当然从此以后反对的呼声几乎再也没有了。人们现在只是把它们与铸币厂、棉纺厂、钢铁厂和其他工厂中轰隆转动的轮子视为一体。它们不仅为成百上千的男人、女人甚至孩子带来工作机会，也给总督衙门带来了滚滚财源。

虽然精明的总督深谙如何应对人们的迷信，但至少有一次他本人却深受其害。有一个传说与他和绵延市区的蛇山有关。几年前，总督下令修马路。修到蛇山时，他下令在蛇山上开个口子，使从口子中穿过的马路连接城市两端。此举使民众担惊受怕：这可了得，在蛇山上开个口子，不就等于为妖魔鬼怪打开了通道，谁知道会有多少邪恶之气从这里冒出来。不过，人们现在已经不担心了，因为马路从蛇山一侧爬上来，又从另一侧伸下去，马路绕道而建了。为什么呢？原来，不久总督生了一种口疮，请了无数郎中，试了各种各样的治疗方法，也许他一副药也没服，也许他服了所有的药，但都不见效果。总之，总督的病不见好转。于是有人请来了巫士。通过占卜，巫士声称，这一切祸害都来自总督让人在蛇山上开了一个口子。此举激怒了众神。于是他们就让这一伟人亲自尝尝开个口子的痛苦。要治该病的处方很简单：只要山上的口子填补

⊙ 武昌

了，病人的口病自消。于是，蛇山上的口子被填上了。不过
总督的口疮照旧，仍不见好，至少我最后一次听到这个传说
时还是这样。

与武昌城隔江相望、位于汉江口两边的是两座姐妹城：汉
阳和汉口。其中，汉口虽然在中国人眼里还算不上真正的城
市，但迄今为止，它在与全国乃至全世界的关系上占有更重
要的位置。而汉阳，除了炼铁厂、炼钢厂以及其他一些官办企
业外，与其他中国城市并无二致，同样充斥着又脏又破的房
屋，衙门和庙宇夹杂其间，也不乏一些品质稍微上乘的住宅，
由数英里长的又窄又臭的小街小巷连在一起。在这些小街小
巷中，挤满了忙忙碌碌、长着黑头发的人，几乎每个人都在
为每天的衣食住行发愁。关于汉阳我们现在就说这么多，只
要注意到有这么一个城市就够了。在后面的篇章中我们还会
提到它，探索它与中国其他众多城市的大同小异的有趣之处。

汉口就不一样了，我们一定要在此好好看看，多了解一些
情况，因为它是伦敦总会华中分会的诞生地，是华中会创始
人杨格非博士的家宅及其半个世纪辛勤传教的所在地。对任
何一位研究伦敦会历史的学生来说，汉口都极其重要。

还有一个原因使得我们不可小看汉口。它不仅是华中的
一个巨大商业城市，而且必将成为中国即使不是最大、也至
少是最大之一的商业城市。它也即将成为中国正在起步的巨
大铁路系统的中枢，连接通向全国四面八方的钢铁动脉和静

⊙ 张之洞

脉，并且成为全国各地源源而来的旅客和物资的巨大集散地。而且，扬子江上的交通日益繁忙，无论是轮船还是平底帆船，每日都是川流不息。可以预见，几年之内，从西南的四川到东边的上海，从南边的广州到北边的北京，以及更北的地方，东西穿梭、南来北往的火车或商船客轮，大多数都会从汉口经过或在汉口中转。

到目前为止，文明象征的铁路对汉口的影响刚刚开始。由于过去数年的努力，中国的铁路线已完工了至少 3746 英里，另有从广州到汉口的 1622 英里铁路线正在施工过程中。但是，通车的线路中只有 228 英里真正属于贸易发达的华中华南地区。等到这些富庶的商业省份中每一个省都有钢铁之马般的火车在奔驰，那将会出现一场革命，而这场革命对汉口影响之大是我们现在难以估量的。

事实上，说有两个汉口更为恰当。一个是老城区，本地人的汉口，呈稍微扭曲的锐角三角形状，十足像一个大蜂窝，挤满了 80 万人口。另一个是"租界区"，里面有外国人的工厂、银行、豪华住宅，以及完工后将绵延 5 英里半的秀丽河滩。两个汉口是相依相存的，因为没有旧城区中国人繁忙的集市，外国人不会有动力在这块地盘上安营扎寨。另一方面，我可以大胆断言，没有外国人的到来，没有他们的工程技术和对海外市场的了解，汉口也不会有今天的重要地位。

有人说，老城区的鼎盛时代已经过去。在太平军到来之

⊙ 汉阳一景

前，它比现在大得多，据说有长达 12 英里的主街和 250 万之众的人口。太平军进汉口城不下四次，最后一次进城时把他们所有的愤怒都发泄在这座不幸的城市身上：杀人、抢劫、放火，直到无人可杀、无东西可毁的地步，用一位官员的话说，真是把汉口"夷为了平地"。不过，硝烟散尽、炮声平息后，邻近村镇的人们来到这片废墟上，很快就建起了一座新城。这也许能解释为什么直到今天，汉口的大部分男人还只身住在城里，把妻儿老小安置在乡下，只是定期去乡下探访。细想起来，这种城镇里缺乏家庭生活的现象，实际上使得我们的传教工作更加困难，本地教会的发展壮大非常缓慢。

不过，外国人的租界到底是在什么地盘上修起来的？它是怎样的一块土地？要知道，50 年前这里既没有传教士也没有洋商。洋人地盘根本不存在。要知道答案，你只需在炎炎夏日到汉口后面的平原走一圈，你就会看到 50 年前的汉口是什么样的——一大片沼泽地，苍蝇、毒虫在此繁殖，各种高烧瘟疫从这里爆发。难怪那时候中国人视之为不祥之地，避而远之了。

那一切又是怎么改变的呢？昔日的沼泽地怎么变成了今日规划有序的租界地？这个故事说来话长，牵涉到中国是怎样向外国人和传教士打开大门的话题，最好还是另起一章加以细述。

⊙ 繁忙的码头

第二章　到汉口

几天前我在读一本旧书，偶尔发现了一幅中国地图。看上去真让人好奇啊！那些地名、河流名用的是稀奇古怪的老式拼写法，几乎无法识别。现在无足轻重的城市都可以用大号字体醒目地标注出来，而那些世界各地任何一名学龄儿童现在都知道的城市却根本不在地图上，汉口就是其中之一。想一想，如果一张英国地图上面没有伯明翰，或者美国地图上面没有芝加哥，那多么令人诧异！武昌和汉阳倒是在地图上。看来那时的汉口显然还有待努力以便让外部世界所熟知。

过去，黄河被称为"中国之痛"，曾数次决堤。滔滔黄水席卷过河南省城开封府，向东南流经江苏省，将大量的泥水注入黄海。一路上河水泛滥，造成重大的生命和财产损失。现在，如你所知，黄河已经改道，偏离开封府，向东北方向流去，由北直隶海湾①入海，离旧入海口往北约300英里。那时候，广州是唯一向外国商人和船队开放的港口，但即使广

---

① 即渤海湾。

⊙ 武昌洪山宝塔

州也不是完全的自由港。现在，该帝国从南到北已全部开放。的确，过去100年，中国发生了巨变，我们对这片土地和人民的了解也与从前大不一样！

1807年，仅仅100年前，新教传教士的先驱马礼逊（Robert Morrison）神父到达广州，试图敲开一户紧闭的房门，可这扇门从没有向他打开。此后的26年，他一直没有放弃敲门的努力，却没有达到任何目的。后来他走进了一户中国人家，学会了说广东话，开始向屈指可数的几名接近他的中国人传播上帝的信息。然而，那扇通向中国广袤的土地、人民的内心情感、官员的良好意愿的大门仍然是紧闭的。他一生所从事的都是拓荒者的艰辛工作，披荆斩棘，筹砖备瓦，为后继者搭建基督教堂打下良好根基。

与此同时，他还得开辟一条通向中国语言的道路。我们今天有词典、字书、汉文古籍的英译，还可以随时求助于所能找到的最好老师，帮助我们攻克这一古老又深奥的语言。然而，在马礼逊神父的年代，他从书本上几乎得不到任何帮助，而且没有任何文人学者敢违抗皇命，向他这个遭鄙视的外国人教授汉语这一"神圣"语言。在这样的困境下，他竟能将《圣经》译成中文，并且编纂了他的《华英字典》，这真不能不让人由衷赞叹！难怪有人说，该字典的编纂成就如此巨大，堪称"人类自强不息精神的最高典范"。1834年，中国的大门对他和他热爱的福音传播仍然紧闭着，然而另一扇大门——

⊙ 孔庙大门

天国之门——朝他打开，他终于摆脱了世俗的操劳而安息于天国。

有人说马礼逊神父是一个失败者，辛苦耕耘近30年，却只有区区三四人追随其信教受洗。是的，如果我们以他使多少人皈依基督而论其成败，他的确算不上一个"成功的传教士"。然而，某些人的"失败"远远比另一些人的成功更重要。他们虽败犹荣，是"失败了的英雄"。马礼逊就是这样。在迷信与盲目崇拜盛行的国土上，他未能赢得一大群信徒追随。然而，他的"英勇的失败"却为他在英格兰家乡的教会赢得了众多追随者。

今年是马礼逊神父100岁诞辰纪念。学者巨匠们聚集一堂，提笔挥毫，赞颂马礼逊神父的事业和功绩。这位贫穷的制鞋匠之子，不畏艰难险阻，默默无闻却英勇地将和平与希望的福音带到了遥远的他乡。后来赴华的商人也好、传教士也罢，无一不获益于马礼逊神父的先驱性事业。我们现在能很容易地认识到马礼逊神父实际上取得了多么了不起的成就，但我们也不必对当时那些认为马礼逊神父把才华浪掷于无望的事业而虚度一生的人们过于苛求。

随后的25年似乎同样充满了"失败的成功"，因为这段时间正是真理之楔努力却艰难地楔入紧闭的国门的过程。下面一组数字本身就能说明问题，也能使我们认识到，在这个保守自满的帝国创业有多么困难：

⊙ 中国新式骑兵

26 年的努力：3 人皈依基督

40 年的努力：9 人皈依基督

也就是说，4 亿人口中只有 9 人皈依基督！至少记载如此。如果我们只信数字，这真是少得可怜，对不对？

然而，事情还有另一面，是任何统计数字无法反映的。这 9 名信徒的成功皈依，鼓舞了众多美国和英国的传教士来华，并因此而激起了全世界的基督徒为这片古老的土地祈福。与此同时，政治力量也在起作用。且不论其动机是对是错，西方列强们是铁了心，要强迫金銮殿上的"天子"打开国门，让西方的商业和势力进入他统治的国土。无疑，双方都有理由抱怨对方。一方面，清廷夜郎自大，目中无人，坚持要外国公使对皇帝俯首称臣；另一方面，在英国商人的主使或指使下，鸦片被源源不断地偷运进中国，而这些鸦片被种植在英国的属地上。不过，所谓的鸦片战争，并不全是由鸦片引起，也并不全是因为英国想把中国作为其在印度种植的鸦片的兜售市场。在此之前，一名英国公使因为不肯给皇帝下跪叩拜而被拒见。甚至一名总督都可以拒绝会见一名大英帝国爵士，只是因为爵士送到衙门的约见信函没有使用卑微祈求的辞令。慢慢地，英国失去了耐心，开始以行动来报复。不过，这场最后以诉诸武力而解决的争端，与鸦片贸易这一人类交往中

⊙ 蜂拥而出看洋人

最为肮脏的交易是有关联的。

这场战争的起源是这样的。一位新总督被派往广州。皇帝给他的圣旨之一就是切断鸦片的进口，因为谁都知道鸦片贸易是道义败坏之举。这位总督大人的举措的确严厉。他派兵将广州的外国人居住地包围起来，并严令他们立即交出停泊在广州近海岛屿之间的所有船只上的鸦片，否则死路一条。为了活命，商人们交出了所有的鸦片，大约两万箱。这些鸦片与石灰相混合，统统被倒进了河里。但这并未使事情好转，反而就像谚语里所说的"最后一根稻草"，使战争终于爆发，给中国带来了灾难性的后果。战争以1842年《南京条约》的签订而结束。条约规定中国开放广州、厦门、福州、宁波、上海五处为通商口岸。为了占据这些口岸，传教士们随后加快了步伐，纷纷跨海而至。

中国终于有部分地区开放了，传教士们或许希望这一开放不是以兵戎相见而是以其他的方式而取得的。但无论如何现在有了传教的机会，他们还是很感激。传教工作有多么艰辛，看一看新教传入中国的头50年之内以身殉职的传教士人数就知道了。这几乎是一对一的交换——有一名信徒因皈依基督而新生，就有一名传教士因恶劣的卫生环境而丧生。其后的50年，一所基督教小教会开始设立，覆盖地域虽大，教徒却只有400人。这是曙光在"唐山"（Hills of Tang）——中国的别名——升起前的黎明时期。

⊙ 宝塔废墟，海拔 4000 英尺

这一时期，华中地区虽然人口众多，却还没有沐浴到福音。也许是因为上帝在这里有意放慢了脚步，也可能是因为宣教者在深入人群传达信息之前应该先花工夫深刻了解受教者。的确，传教士在中国人看来一定是一群奇怪的人，不光是举止奇特，说汉语时更是怪腔怪调，即使乡村幼童也比他们说得更流利！所以上帝一方面在为华中的开放铺平道路，另一方面也在使前往扬子江流域的使徒做好各种准备。

就在 19 世纪中叶即将结束之际，杨格非博士接受了伦敦会长老会的邀请，成了在上海等候派遣的传教士团队中的一员。这可真是传教士中的一组精英人物，包括了文惠廉（William Jones Boone）、宾威廉 ①、包尔腾 ②、麦都思（Walter Henry Medhurst）、慕威廉（William Muirhead）、雒魏林（William Lockhart）、戴德生 ③、伟烈亚力 ④ 等人。他们都给后人留下了不可磨灭的记忆，其辛勤耕耘的成果直到现在还在被采用。那时候他们都等候在上海，为即将到来的忙碌且为之献身的传教工作做准备，也为中国的其他城市向传教士开放而祈祷。

说他们"等待中国开放"，千万不要误会他们在上海及附近就无所事事了。他们的等待是传教士特有的真正等待——期间并无停歇，而是跋涉到通商口岸城市周围的乡村，或者

---

① William C . Burns，又名宾为霖。
② John Shaw Burdon，又名包约翰。
③ Hudson Taylor，又名戴雅各。
④ Alexander Wylie，又名卫礼。

⊙ 长江上的船

随时随地只要有机会就发放《圣经》或其他基督教传道书，或者用他们刚刚学会的了不起的中文讲述一个更加了不起的关于上帝的故事。他们在遥远的家乡接受了上帝的教诲，又在一个被当地人称自己为"洋鬼子"的异国他乡传播上帝的福音。

杨博士和他的传教士同道们曾对太平天国这一奇特运动期望甚高。他亲自探访这些造反者的军营，并且成功地获得了起义军首领颁发的、允许传教士在太平天国辖区居住和传教的诏旨，这些都已经载入伦敦会的史册。如果太平军的自由传教诏令得以实施并扩大，福音本可以传遍中国城乡各个角落，宗教自由也会成为追随基督的信徒们的基本保障，而这是过去50年来各项条约从没有达到过的。但是随着太平军反抗运动的结束，这一切价值所剩无几，对传教同仁们来说，失望之情一定是非同一般。

然而大家也都明白并深信，这是黎明前的黑暗，上帝很快就会将这扇祈祷已久的大门打开。《天津条约》是朝这一方向迈开的第一步。该条约增加了九个对外开放的港口城市，允许外国人在那里经商和居住。这也意味着，传教士和外国商人的影响将波及中国沿海、北部及扬子江流域的众多城市。

1861年3月初春时节，一支英国的海军远征队曾计划从上海溯扬子江而上调查情况，尤其受命为开通九江和汉口做各种必要准备。这是一个绝好机会，可以趁机"窥视内陆"，看看汉口作为传教工作的中心到底合不合适，有多大的发展

⊙ 长江美景

潜力。这也是为什么杨博士在上海等待的原因。他本希望以一名普通乘客的身份与巴夏礼 (Harry Parkes) 领事一同登船航行，不料由于延误，没有赶上远征队的出发时间，只得改乘当时为数不多、刚刚开始行驶于江面的商船。

如今，要从上海到汉口，我们只需要到码头售票处，预订一个设备齐全的蒸汽轮船房间即可。旅途既快捷又愉快。你只需确定出发日期，或选择你中意的轮船公司。价格也不高，差不多 4 英镑而已。然而，在杨博士所处的年代，却是另一番景象。他的首次旅行真是没少费周折。由于很多人都迫不及待地想得到有限的几个铺位，所以票价贵得离谱。一位船长愿意带他去汉口这个湖北省的繁忙的商业都市，但索价 100 英镑。无奈，等了近 3 个月后，坚持不懈的杨博士与威尔逊（Robert Wilson）牧师一道，争取到了"达达尼尔"（ss. Hellespont），号轮船上的铺位，终于踏上了前往汉口（日后成为其家园）、值得铭记的首航之旅。

时值扬子江洪水泛滥期。也就是说，在一些地区，江水漫出河堤，江面不再只是一英里宽，而是变成了内陆海，在其中航行颇为不易。终于，他们于 6 月 21 日深夜到达汉口，在那里抛锚，等待黎明的到来。

终于到汉口了！让我们听听杨博士自己是如何描述到达他日思夜念的城市对他的重要意义吧："当真正置身于汉口时，我激动的心情真是难以言表。我几乎不敢相信；我真的已经

⊙ 挖泥者

站在了这个数百年来对'蛮夷'之族紧闭封锁、直至今日方才开放的帝国的中心，而明天我就能有幸站在这一名城的街上，以传教士的身份合法地传播上帝的福音。此时此刻，我想起了无数伟大的先驱，他们多么盼望见到我今天看到的景象却没能见到。我想起了初至广州时挨门逐户地敲门却残酷地被拒之门外、无一户人家愿意接纳的米怜（William Milne）；想起了用了 26 年的艰辛也没有敲开一扇大门、抱憾而去的马礼逊；也想起了麦都思以及我亲耳聆听到的他在上海所作的最后祈祷：'主啊，让中国开放，让您的仆人遍布其中吧！'我想起他们，以及许许多多像他们一样，在过去的日子里辛勤耕耘、为后继者打下坚实根基的先辈们。此时此刻，他们似乎就在我身旁，愉快地注视着我。我感到自己终于到达了上帝为我规划好的归宿，驿动的心归于平静。"

第二天，杨博士和同工就开始行动起来。在城里半数以上都还是废墟的街道上，他们向路人讲述着上帝福音蕴藏的精义。在一条狭窄肮脏的街上找到了一幢可供出租的小房子后，这两名勇敢的传教士回到上海，但并没有做太多停留，而是一旦打点停当便立即返回。携带家眷回到汉口后，杨博士立即着手开始他的福音传播计划，这一计划直至今日仍在实施。一座小教堂很快在街边搭建起来。在那里，一天又一天，天国的良种撒播在人们的心中。在那里，传教士与从中国各省份远道而来的人们晤面交谈，这些人将对基督的真理感兴趣，

⊙ 运淤泥

处理完汉口的事务后又会回到遥远的故乡。然而即使与传教士远离几百英里，他们也将身体力行，实践从汉口这座繁忙的商业城市新学到的一些生活理想。

很快，他们就发现迫切需要传道书。那时候华中宗教书报学会（Central China Tract Society）还没有成立，所以杨博士自己动手编制了很多小册子，以回答那些常常被问到的问题，诸如：基督教教义到底为何？耶稣基督到底何许人？罪恶如何能被赦免？这些小册子能流传到很多传教士不能亲自到达的地方，因而成为传播福音的无言信使。

福音就是以这种方式到达华中地区的。

从那时到现在已经 50 年过去了。在此期间，有其他的同工加入了这一事业。他们中有的已经倒下，有的继续前行，奔赴帝国的其他地区。如同涓涓细水汇成江河，福音也一传十、十传百。那汉口街边的小教堂成了华中会的发源地。然而杨博士并不满足于此，他总在开拓新教区，拯救一批又一批的灵魂。正是由于他的不懈努力，如今在西部有重庆的教会，在湖南有三个基督教徒活动中心，在汉水之滨的令人骄傲的湖北省会有医院、学校、教堂，在孝感有麻风病院、医院、教堂、学校，而皂市是这一切活动的中心；黄陂也新近成为一个中心，负责邻近三个县的传教工作；更不用说汉口的第一间礼拜堂"首恩堂"了，它举办过多种多样的活动，为各分支教会工作培养输送了高效而精干的助手们。

要想把所有中心的工作都了解清楚，至少得需要数月时间的参观访问。但其实我们不必遍访各处，只需看看几个典型的机构，同时记住，他们虽只是整体的一部分，但每一部分的取得都不是一蹴而就的，都代表着经年累月的奉献和祈祷，都是凭借基督和福音的力量，秉承希望与耐心的精神，忍受并克服无数的伤痛、损失、失望和失败而取得的。

有很长一段时间，传教士和外国商人都住在汉口老城区。《天津条约》的签订使外国人的安全得到了最大程度的保障。条约规定划出特定地段为"租界"，使得传教士和外国商人能远离每一个城市都具有的脏乱街道。汉口的南边是一个90英亩的沼泽地。这是一块疾病丛生的不祥之地。按中国人的话说，"风水"太差。当额尔金①伯爵为开辟租界谈判时，精明的满族官员们很得意，觉得这既是一个天大的玩笑，也是一个一箭双雕的良策。一方面显得中国服从"洋鬼子"，遵守条约规定；另一方面给了洋鬼子们这么一块充满邪恶之气的不祥之地，注定他们从一开始就绝不会有好果子吃。所以租界按时被批准了，外国人住了进来。然而，他们并没有折服于这块不祥之地，反而立即开始改造这片土地。他们从江岸挖掘洪水泛滥后沉积下的淤泥，运到沼泽洼地将其填平，然后

---

① 额尔金（James Bruce, 8th Earl of Elgin，1811—1863），1857年7月任英国对华全权专使，并率领一支陆海军侵华，先后攻占广州，北上天津，攻陷大沽炮台，迫使清政府签订《中英天津条约》。

筑路，植树，造漂亮的家居房和库房。江边建起了码头，轮船开始穿梭于汉口与扬子江流域其他城市之间。用一句话来总结，那就是沼泽洼地旧貌换新颜，变成了颇具异国情调、由洋人控制的城市。

不过，即使今天，汉口的改建也还在进行中。最近几年，英国以外的其他几个文明国家也获准在此建租界。结果，沿江修建的外国人租界的长度变成了当初的五倍，城市占地的宽度也增加了近一倍。一开始是俄国，然后是法国、德国、日本、比利时，都"要求"并得到了租界。当然，他们得到的地盘更低洼；然而他们以英国人为榜样，填平洼地，增高地势，用石头垒起堤岸，并且沿江规划欧洲风格的房舍庭院。日本人和比利时人还需要做很多工作才能使他们的租界适合外国人居住，但已经有了良好的开端。

这一切都对中国人不无影响。在这里，土地购买热方兴未艾，到处都有本地商人以及财主们在做土地交易。多起大工程正在计划之中，甚至有好几起已经接近尾声。去年整个冬天，成千上万的汉口人，无论男女老少，都加入了运淤泥的大军。他们挖出临河地带淤积的泥沙，装满两只竹筐，用扁担挑着运到租界的后面。这项工作报酬甚微，连挖带挑跑一英里路，一次只能挣一个法寻①。虽然微不足道，但对很多穷困的乡下人来说，这却是救命钱，是给他们提供每日食粮的援助之手。

---

① Farthing，英国旧时值 14 便士的硬币或币值，1961 年取消。

⊙ 汉口是怎样增高的

有一句中国成语说："三人一条心，黄土变成金。"这句话本来是指齐心协力所带来的益处，但用在这里也一样恰如其分，因为这些成百上千吨用小铲子和竹筐挖运的黑色淤泥，通过民工们如蚂蚁般数不清的来回辛勤运载，的确变成了黄澄澄的金子。

从租界后面远处的湖边，人们推着有轨的推车每天运来好几吨的泥土倒在租界的后面。这块平地就这样被抬高了15英尺。 等到一条条新道路铺好，一座座房舍和工厂盖好，一个崭新的汉口就将拔地而起，甚至比具有"十二英里长街"①时期的汉口还要壮观。

挖泥填地的一个重要结果，就是过去炎热的日子里滋生成千上万的蚊子窝没有了。有了这个好处，再加上不久就会开通的自来水供应，对外国人来说，住在汉口应该不会再像过去那样有那么大的致命危险了。

---

① 叶调元《汉口竹枝词》中有"廿里长街八码头"的诗句。中国二十里约等于十二英里。

第三章 学习新课

　　初来乍到的外国传教士很快就会发现，来中国后，自己先需要从头学习一切，然后才能谈向中国人传教。首先，中国人看待事物的方式就非常令我们这些外国人不解。甚至"外国"这个词也与我们通常的理解相差甚远。在中国人眼里，任何事情，只要不是中国的，那就是外国的。对他们来说，你是外国人，你说的是外国话，你的思维和行为方式都是外国式的，而这些思维和行为方式往往和他们的相背。自然，他们认为你是错的，你会认为他们什么都不对，而实际上你们可能都对，也可能都错。有一点是肯定的：中国的生活与欧洲的生活大为不同，气候、待人接物、风土人情等都不一样。虽然有些事在我们看来可能做得不对，有些事可能完全违背我们根深蒂固的礼仪规则，然而通常情况下，中国人之所以会这么做一定有非常合理的理由。如果一开始时你实在看不出什么理由，那就归之于他们不懂这种规矩，或者归之于传下来的教条——"祖宗的规矩"。

在英国，所有男孩女孩都知道，与中国朋友见面时，你不用与他握手，而是把你的双手合十，举到下巴颏的高度，向他前后摆一下，当然他也会用同样的方式向你示意。当你的中国朋友问起你的年龄、你的家庭情况，或者指着你的衣服问价钱时，并不是因为他粗鲁，而是因为他认为这样做才是礼貌的表现。

不用多久你就会发现，在这片土地上，很多事情的确和我们的做法"正好相反"。小女孩学缝纫时走针是从左边向右边缝，绝不会想到可以像英国女孩那样，从右缝到左。我们认为服丧时着黑服才对，婚礼时穿白色才合适。然而，在这里，白色表示哀伤。或者是帽子上别一枚白色的纽扣，或者是辫子上扎一根白色的绒绳，或者脚上穿一双白鞋，等等，都是极度哀伤的表现。

读中文书时我们会发现书页是从右手边开始，阅读行数是从上到下，书的末页正是我们西方人的书的扉页。另一令人惊讶的事情是中文书的页码标注在书页外空白处三分之二的地方，而脚注却在书页的顶端。

如果你问一位学童罗盘的针指向何方，他会毫不犹豫地告诉你"指向南方"。中国的船员谈论风向时会根据实际情况，把其称为东南风或者西南风，而不是像我们把其称为南东风或南西风。

我们也许还会对他们的行为方式感到惊讶，就如同他们对

⊙ 怎样"握手"

我们的行为方式同样感到稀奇一样。在中国，吃东西时咂嘴、发出吧嗒吧嗒的声响被视为最礼貌的行为，而吃完后随意打饱嗝被视为对主人精湛厨艺的赞赏。这一切都是有教养的表现，目的是让主人知道食物是多么的美味可口。

走路时，年轻一点的一定要跟在年长的同伴之后，保持一步之遥，决不可并排而行，否则会被视为失礼，不成体统。在《圣谕广训》里，这一点被用作例子，规劝做弟弟的要一切服从兄长。原文是这样说的："夫十年以长，则兄事之，五年以长，则肩随之，况同气之人乎。"

一名中国绅士决不会想到与妻子手挽手而行，因为这样做与公共行为规范大相径庭。他甚至不会与一位女士握手，而女士也决不会向男士伸手。有一次，在一个中国城市里，城墙上的许多石头散落在路上，使行走非常困难。我帮助一位女士跨过这些石块。一名路人对此大加赞许，连连夸道："看哪，连洋人也讲孝道。这个孝顺的儿子扶着他老娘走路呢！"你可以想象那位女士听到此话如何感受，因为她年龄顶多比我大几岁罢了。

毫无疑问，外国人的生活在中国人看来是一个永远解不开的谜。无论我们多么努力，我们的所作所为肯定还是有很多不符合他们的礼仪规则，不管是做了他们认为不该做的，还是没有做每个有教养的中国人都期望我们应该做的事。有的传教士刻意使自己的行为规范像一个中国人，并为此作了种

⊙ 礼拜者出庙

种努力。另一些传教士对这一艰巨任务感到无奈，只求得能掌握在中国人看来最基本的礼貌规矩，尽量别让中国人对外国人的印象比通常更糟糕。

一位专门从事中国本土宗教写作的文人曾经把中国宗教称作是"规则与得体"的礼仪宗教。的确，数不清的时间和精力花在了使文人学者通晓礼仪规则上。每一名学龄儿童似乎都知道在不同场合中的行为规则。看着他们在家里向客人行礼，或者在诸如春节一类的节日里履行各种人际社交职责，你会感到他们真是一群小大人。当我们得知他们在学校必须学习一本讲解3000条礼仪规则的书时，我们开始明白，为什么一名修养有素的儿童总是知道何时何地做何事，从不会因为手足无措、无所适从而羞愧不止。

生活在这些人之间，你会很快发现，中国人的生活是学习《圣经》的最好素材。我们都知道，《圣经》是东方人写的，大部分描写的是东方土地上的生活故事。我们曾经纳闷，一个人怎么可能扛着他的床行走！然而只要在中国的街上走一圈，我们就会明白这到底是怎么回事。我们会看见，他们的床在炎热时节是草编席，寒冷天气里是粗棉被。男人们或者把它挑在扁担上优哉游哉，或者夹在胳肢窝下，边走边用又高又尖的声音哼着小曲。

每经过一个村庄，我们几乎都无一例外地会看见"妇人在磨坊里碾磨"，碾的是东方常见的那种手推小石磨。传教士走

⊙ 在每一座高山上

街串巷时，少不了被请到这家或那家"做客"。宴席快开始时，主人会第二次来请："来吧，饭菜都做好了。"但在第二次催请之前，最好不要自行动身前往主人家去。

宴席桌上，我们注意到座位有"上下"之分。主人为客人排座时绝不可有半点差错。我的一个朋友就参加过一个宴席，由于座位坐错而闹出大乱，使得当时所有的客人都起身离席，拂袖而去。《圣经》曾给过我们"朋友，请坐上座"的提醒。事实上，最礼貌、最有修养的做法是假装推辞主人给你指定的位子，而去坐下座。这当然是故作谦恭，因为每个人对自己应该怎么坐以及最终会坐什么位子都知道得一清二楚。不过出于讲面子，在客人们就座和每个人最终按年龄或身份各就各位之前，总少不了一番相互之间的拉拉扯扯和斗嘴仗。甚至教会学校的男孩们也会严格遵守这种礼节。因为如此，有时会发生同桌的两名男孩因同龄而为某个位子该谁坐争执不下。既然一个位子不可能坐两人，而他们自己又决定不了谁坐更合适，这时候只有请校长出面，把"同龄人"之一调到另一桌，事情才算圆满解决。

在这种宴席场合，"吃残渣剩屑的狗儿"是绝佳的伙伴，尤其对我们这些外国人来说。宴席上，人们把吐出的骨头碎渣统统扔在桌下，正好成为早就等在桌下饥不可耐的"汪汪"的美餐。很多可怜的传教士不小心从公用大碗里夹了一块大肥肉塞进嘴里、却实在难以下咽时，会依靠狗儿来及时解围，

⊙ 在每一棵绿树下

传教士们为此对狗儿好友感激不已。

《圣经》中描绘过的孩子"过家家"的传统游戏四处可见：模仿婚礼和葬礼，其间穿插进神鬼游行。没有锣便用旧锡罐代替，敲出既刺耳又可怕的声音。这些婚礼和葬礼非常有助于我们了解《圣经》里的内容，因为那些两千多年前描绘的画面与我们今天见到的众多场景颇为相似。的确，中国女孩出嫁时没有唱诗班的欢快少女出门相迎，但新郎的朋友们会把她护送到新家。这种风俗正好与犹太人的方式相反，正如我们有时会料想的那样。但我们只要亲眼见过一次中国婚礼，我们就不会奇怪为什么雅各（Jacob）会受骗误娶利亚（Leah），因为新娘子的脸直到婚礼结束前一直被遮掩在红绸盖头的后面，直到二人幸福（或不幸）完婚后，新郎才能掀开盖头，一睹新娘子的面容。在涉及两方或两方以上的所有事务中，尤其在谈婚论娶中，"中间人"或"媒人"必不可少。

在中国的大部分地区，付款仍然是"称出银子"，几两几钱，就跟亚伯拉罕（Abraham）称出银子为萨拉（Sarah）买坟地时一样。

当看到那些迷信而盲目崇拜神灵的人们，尤其在出现任何奇异的自然现象时，搭建如树和山形状的祭坛或神龛烧香祈拜时，我们不禁对先知们叹息过的"在每一座高山上，在每一棵绿树下"①语句有了新的理解。每一个门柱上都写有字句；你也常常可以看到一些吉言贺词，"用铁笔镌刻在石壁上"，这种景象甚至在每一座崇山之巅都能见到。

我们也常常看到一些雇来的哭丧户，为着一天能挣几百文钱而毫不吝惜地挥洒鳄鱼泪。他们的号啕大哭确实把气氛搞得凄凄惨惨，然而他们可以说停就停，比如当一个外国人靠近时，先把他打量一番并且品头论足后，再重新尽职地号哭。

所有这些风俗，包括从水井取水、穿草鞋、抓阄掷骰，等等，都能使我们联想起耶稣基督活着时常常讲述的日常生活中的寓言故事。

让我再给你们"一张插图"作为这段有关中西异同的比较的结尾。什么叫作"不作无谓的重复"？就跟其他国家信仰宗教的人们一样，中国人也用两种方式做祷告：一种是自己亲自祷告，另一种是花钱雇人替自己祷告。有一次我去一座佛教寺庙，看到只有僧侣在做祈祷。他们在佛像前走了一圈又一圈，手里摇着小铃铛，嘴里吟诵着梵文写就的经文。发音虽是中文，意思就另当别论了。绝大部分"无谓的重复"似乎是佛祖名字"阿弥陀佛"的反复吟诵。经文的韵律、铃铛的叮铃声、僧人们庄重的表情、燃烧的香烛发出的令人窒息的气味、昏暗的殿堂里摇曳的黑影，这一切都深深地印在了我

---

① 语出《圣经·旧约·列王记上》（Kings 14:23）。全句为：因为他们在每一座高山上，在每一棵绿树下筑坛、立柱像和木偶。

的记忆里。要不是我已经知道了这些僧人不做祈祷时的一些故事，说不定我会为终于在中国看到了真正的崇拜而倍感欣慰，即使这种崇拜只是对一尊木雕像，或者这尊像所代表的意义。我看着听着，伴随着那毫无表情的面孔、不断重复的名字、毫无意义的声响，我似乎看到了我们的救世主在教导信徒们做祈祷，听到了在这座佛教的庙堂里响起了主的声音："你们祷告，不可像外邦人，用许多无谓的重复话。他们以为话多了必蒙垂听。"

几个月后，丘陵平原已是春意盎然。一个菩萨敬拜日（每月的初一和十五都是用来敬拜他的），我来到一座寺庙。那里有50来名妇女跪在香烛前边圆圆的蒲团上，齐声吟诵着那神奇的名号，声音抑扬顿挫，头着地俯身对着偶像敬拜时身子还摇摇晃晃。当我靠近时，即使我尽量躲在门边的黑影里，还是有几名妇人看见了我。第一次看见外国人，一时间她们忘了诵经，盯着我看，并且评论了一番。为了不打搅她们，我退了出去。刚离开寺庙门口，早晨的空气中又响起了单调重复的吟诵："阿弥陀佛，阿弥陀佛。"

可怜的人们！她们意识到生活中缺少了某些东西，渴望着某种超越自身的伟大力量来解救她们，急切盼望着脱离死后都得去的苦海。为了这一切，她们祷告时不断重复佛的名字，无望却又希望借此积攒功德，最终得到拯救。除了"无谓的重复"之外，她们不知道是否有任何其他办法能治愈她们的

⊙ "山上有座庙"

疾病，给她们带来欢乐。

那天傍晚从邻近的村庄访问归来，我记得遇见过坐在路边的一位老妇人。她好奇而多问，所以我们闲聊了好一阵子。在满足了她有关我的家庭、朋友、衣着、年龄等诸多问题的好奇心后，我向她讲述上帝耶稣拯救世人罪孽的故事。她睁大眼睛问："是真的吗？耶稣真的能饶恕我的罪过吗？"更多的交谈之后，她在我临走时对我说："只要我还活着，我就再也不拜那老菩萨像了。我整天都跪在他面前，膝盖都跪得麻木，没有一点知觉了，可心里的难受劲儿一丁点儿没减少。从此以后我要拜耶稣了。"我向她辞行，一路上在想，主的真理是不是真的进入了她的心灵呢？

还有一个故事。这是一个元旦日。我们站在一座高山顶上，这里有一座庙。一位胡须花白的算命先生坐在那里等着顾客上门。我正静静地打量他时，一名衣着整齐的年轻男子走了进来。他问算命先生，他的孩子病了，能不能治好？如果能，应该用什么药？算命先生一言不发，只是递给他一个装有竹签的罐子。这些竹签约一英尺长，八分之一英寸厚，每根都标有数字。年轻人双手捧着罐子，跪在佛像前，开始把罐子摇来摇去，嘴里不断地念着"阿弥陀佛"。罐子里的竹签开始从罐子中升高，冒了出来，高低参差不齐。年轻人继续一边摇，一边念诵着"阿弥陀佛"。终于有一根竹签掉落地上，这表示菩萨已经给了签。签上预卜的命运如何？我对此如此关注，全然忘了礼貌风度，与年轻人一起朝着算命先生围了过去，然而算命先生一看签上的数字便慢慢地不断摇头。"到底怎么回事？"年轻人焦急地问。算命先生依然是一脸漠不关心的神色，说："这不行，绝对不行，没有比你抽的签更糟糕的了。最好再试一次。"于是，算命先生又收一次钱（他的原则是先收钱，后算命），年轻人再摇一次签。出签后算命先生拿过一张纸条，上面写着与签上数字相符的卜语。这次运气不错，年轻人的脸色立刻亮了起来，满怀希望地听着算命先生告诉他，只要把猪的某部分内脏烧成灰，碾成末，溶在茶里喝，小孩的病就会痊愈。可怜的小家伙，不知道他是不是真的康复了。

第四章 "布道之旅"

一天，就在杨博士启程休假之前，我与他有过一次交谈，讨论在中国呈现出的、基督教教育工作者可以利用的众多良机，以及伦敦传教会为在教会学校中培训年轻人所能做的工作。这位著名的传教士说道："是的，是有很多机会，但是如果没有这么些年来的福音传播工作，这一切几乎都完全不可能。我们长期以来辛勤播种，就是为了今天。我们终于等到了这一时刻。没有人比我在训育机构里体验到的一切更愉快的了。大学、医学院、神学院、师范学校……我对这一切都深怀感激。"

传教士首先是一名布道者。他为中国人带来新信息，人民迫切需要的信息，虽然他们自己未必意识到了这点。从某种意义上来说，在汉口安顿下来建一座固定教堂或许更容易一些，而且这教堂到今天应该已经成为自力更生、自我管理的机构。然而传教士的心里总是惦记着那些尚无缘听到福音的人。所以，与其待在汉口、等着人们在遥远的将来上教堂舒适地聆

⊙ 护照

听教诲，他选择了走出去。无论东南西北，只要有机会，只要有时间，他都会踏上外出传播福音的旅程。

正是通过这种方式，在汉口开始的传教工作慢慢地向外蔓延，渗透到了湖北省的很多重要城镇和乡村。如今，每逢礼拜日，在各地自己的小教堂里都有基督徒聚会礼拜上帝。在中国，有一些传教士能全身心扑在这种开发性的传福音工作上，但大多数传教士仍在固定中心所在地的教会、学校或神学院传播福音。然而，无论什么时候，只要能抽身到郊外的传教点转一圈，与那些身处边远地区、新近皈依上帝的信徒交谈，考察他们，并为他们施洗，或者为那些留在乡村教会传福音的同道们加油鼓劲，他们都会万分欣喜。总之，总能找到新地方去视察，总会有新工作等着去完成。

在中国旅行与在英国观光完全是两回事。你千万不要指望，去订票室购一张票，或者去拿一份时刻表，就可计算旅程会花多少时间，要准备多少钱，等等。远东的乡村之行意味着耐心与意愿、希望与实情的无穷较量。你可以有一个大概何时启程的计划，并且能在预定时间一二小时内出发。接下来你只能是揣着一个希望能付诸实施的计划，但接受可能发生的一切变化。首先，你必须把护照弄到手。我们去领事馆申请这一文件，但通常会费一些时日，因为英国领事先生和中国道台大人都得签字。护照的目的是保障持照者能自由出入各地，不受地方官的骚扰，或渡口海关关卡的阻拦。这是前面所提到的《天津条约》带来的好处。持照者可以在护照上注明的省份里各处周游，为期一年。一年以后，护照期满，变成废纸一张，必须重新申请。

下一步就是把你的旅程意向告知旅程目的地的地方官。一封通告公函送出后不几天，我们正忙着准备各种旅行用品，我的侍童呈上一张大红的拜帖，说："先生，有一个官大人来访。"很快我就发现这位官大人是专为我的旅程而来的。他描述了我要去的地方的人们是如何凶恶，整个乡村如何动荡不安，乡里人如何不安分守己，赌博成风，会给我带来诸多不便和不快，等等。他真心想知道为什么我想去黄冈，也希望能说服我放弃这一打算。如果你还记得邻近省份刚刚发生过英国和法国传教士遇害的悲惨事件，你就不会责怪他是在"恐吓"我了。民众对事件的真相知之甚少，以为一切都是因为法国传教士杀死了地方官员而引起的。他的焦虑还有一个原因，那就是黄冈的县官大人刚刚到任，或许花了一大笔银子才谋到这个职位。在他还没有把买官钱赚回来并且发一笔财之前，实在不愿有任何可能使他丢乌纱帽的事情发生。

一席长谈之后，他终于明白我的旅程不可更改，我此行的目的只是去探访乡间的各个教会，绝无二意，而且那时旅行也是我最方便的时机。同时我也答应推迟几日动身，以便他们有时间发出布告，警示民众要行为规矩。这位大人对这种安排显得非常满意。在品了一轮英国式茶点后，我们以中国仪式道别，不断地相互鞠躬，当然他比我鞠得地道得多。

启程的那天，黎明来得似乎太早了。好像我的头刚着枕头，我的侍童就来敲门叫醒我："先生，已经5点半了，我得为您打铺盖卷了。"于是我按时起床，看起来7点准时出发应该没问题！可是早饭被耽误了，而就在我刚刚准备在餐桌边坐下时，一位传福音的中国牧师意外来访。然后不得不写一封信，等一等同行者，传唤挑夫在最后一分钟时把行李送到船上。而就在此时，侍童突然想起行李中还没有放面包，而放面包的篮子已经装船了，等等。一切杂七杂八、使出发时间远远落后于预定时间的事情都让我们碰上了。

终于，我们得以动身了。费了几番周折后，我们在河边二三十条船中找到了我们要上的船。条件是事先就讲好了的：整艘船都由我们承包，三名艄公撑船。船上绝不可以装载任何其他货物，不管它们是不是禁运物品。这样做不是没有理由的，因为曾经不止一次，我上船后总是听到极大的鼾声，循声而去就会发现在船头的高高行李卷后蜷缩着一些熟睡的人。他们的鼾声把他们暴露了！船老板对还没有启程便被发现非常恼火，因为他知道只要开锚启航，多说一些好话，洋人的好脾气会原谅他临时加塞。而这天早晨，陈先生提前一小时就上船，清走了一些不该在那里的物件，赶走了那些混船者，也回绝了众多想搭船的人。这使得我们此行避免了很多令人不快的干扰，从而能安静地讨论我们将要调查的问题。

⊙ 我们的船

中国有句谚语说：两船相争相互咒，一到岸边相互凑。我们的船从舟楫林立的船流中好不容易才挤出码头时，我们便深切体会到了这句谚语前半句的含义。我们的船刚出来，外缘的每艘船便争相抢占那个空位，或者至少争取离岸边更近一点。谁也不给谁让道，而且都把手中的船桨用作撑竿顶在旁边的船上，或把那只船远远地顶开，或使自己的船大大地向前推进。这期间咒骂声不断，用的都是只有中国人才知道怎么说的粗活。随着我们精心拼接、细心缝制的帆的升起，我们的船很快就驶出码头，进入航道，把那些恶言粗语和码头的肮脏气味远远甩在了后面。

我们顺流又顺风，虽然挂在竹帆肋的船帆看起来有些单薄，但风力十足，加上"三名艄公"划桨十分卖力，我们的船飞快地顺流而下。

按照我们签订的合同，船上应有三名艄公。但我一直纳闷那三名艄公到底在哪儿。走遍了全船，我只看见一个成年人和一个半大的孩子，外加一名头顶光秃秃的小男孩，其身高只有成年人的四分之一吧。不过，中文里的"人"字（英文是"man"，意为"男人"），可以指任何年龄的人。不用说，船老板不会对这种滥竽充数的做法有任何良心上的不安。相反，他绝对会按照所谓的合同行事，一分不少地向我们收取三名艄公的工钱，等我们到达目的地后，他说不定还会多要几百文。

⊙ 撒网

乘小船在扬子江近岸泛舟一天，能让我们认识到这条气势磅礴的大河对中国及其千百万人民的重要意义。水面上成千上万的船只，从不起眼的小舢板到那些时常停靠在汉口码头边的大军舰，穿梭不息，一刻也不停止。

这片水域养育着千百万人口。我们沿途看见了上百只渔船，渔民们全都忙着撒网捕鱼，但鱼儿仍旧四处腾跃，似乎从未因渔民的捕捞而减少。有的船使用拖网，有的船却布下很长的渔线，每隔一码远拴着一根带鱼钩的小线。我们还见到好几艘船撒开又长又大的网，希望一网起来能网上一大群鱼。在靠近岸边的浅水区，男人们蹚着水，用类似英国人捕虾的大网在捕鱼。我们沿途在岸边看见过不少一种很有特点的网。这种网大约有 15 到 20 英尺见方，有的更大。每隔一段时间，它们被不断的沉入水底。四根竹竿的较粗一端绑在一起，每根竿头与网的一角相绑，然后把它们斜吊在岸边立好的木桩上，这样既容易把网沉入水中，也方便收鱼人用一根一头绑着小网的长竿把网到的鱼捞出。每位渔民都有自己特定的河段捕鱼。如果有人试图进入他人的地盘并据为己有，定会引起不小争执。正所谓一句谚语描述的那样，自私的渔民都是"各人只管自家的钓钩"。

很长时间我一直不明白，一种摆放在离岸边很近、形状颇为奇特的网到底作何用。露在水面外部的是一个锥形的支架，上面盖着网眼很精细的网。网口朝着水流方向大大张开，锥

⊙ 抓小鱼的尖底网

形的尖底形成了一条狭窄的通道，通向一个一英尺见方的正方形网盒。我知道它肯定是用来捕鱼的，但为什么要捕只有用这种网才能捕到的小鱼呢？我亲眼见过一名男子划着小船来到那些正方形网盒前收小鱼。他用盆舀出许许多多非常小的鱼儿，放进备好的桶里。后来，当我们在山间旅行碰到大批村民挑着成桶的小鱼时，我明白了。他们是把小鱼作为鱼苗运往内地，卖给那儿的农民和村民们。在鱼缸或池塘里养一段时间后，这些鱼苗就变成了人们餐桌上的美味佳肴。

有时候，我们会遇见一些用木头和竹子制作的大筏子，从西边的家乡漂流到沿江各口岸。这些筏子通常非常巨大，有一只甚至载着全村人，住在筏子上竹编的小棚里。筏里的村民们通常凭借水流的冲力把他们带到目的地，但也有时候他们必须倾注全力以避免与其他船只相撞，或者避免他们的巨筏触礁搁浅。他们用的船桨可真奇特！没有用普通的桨板，而是在桨的一端钉上一排大木钉。这根带大木钉的桨板随着他们的划动不停地旋转，似乎给了他们所需的巨大力量，绕开迎面而来的种种险滩。

愉快地行驶了3个小时左右后，我们告别扬子江，转向朝北的一条小支流。随着这一转向，其他所有一切似乎也都开始倒转了。我们不再顺流而下，而是逆流而上。风向也转了，我们不再有风力相助。太阳躲进了厚厚的云层，没过多久，暴雨便倾盆而下。我们不得不把铺盖卷起提在手中，因为不

⊙ 木排

断有水从船底或外面灌涌进来。船夫们停止了摇船，跑过来和我们一起躲在竹编的顶棚下，直到倾盆大雨变成绵绵细雨，他们才肯出来继续摇橹，全然不顾船老板的厉声斥责。

这一旅程终于快结束了。太阳落山时我们看到了仓子埠（Ch'ang-chih Pu）的轮廓。很快我们就划过水淹的田地，直接到了城门前。本地的宣教同道严先生和6名基督徒已等候在那里。他们以中国人特有的方式向我们表示欢迎，然后陪同我们一起来到县衙门。除他们以外，当然还有一大堆小孩子，在这种时候无一例外地都会出现。他们无处不在。经验告诉我，最好与他们结伴同行，而且边走边跟他们打招呼，否则我得到的只能是身后的一片谩骂声和叫喊声。

接近礼拜堂时，4名士兵举手向我敬礼，其中的小头目递给我派遣他们来的官员的名帖。后来我才知道，这4名士兵，加上县衙门的两名听差，将是我整个旅程的保镖。说实话，他们的确很尽职尽力地看护着我。除了深夜我们都在酣睡，其他时候他们的眼睛从没有离开我半步。在路上，如果我扭头去看一朵花或观察一棵树，他们的头也一齐转过去。我停步时，他们也停下来，而当我继续往前走时，他们也迈开脚步，但始终礼貌地保持10步的距离。从我踏上仓子埠起，他们就像我的影子一样寸步不离，直到10天后目送我登上去汉口的小船。不过，我还真得谢谢他们提供的诸多小帮助。比如，没有他们的协助，许多照片可能拍不下来，有些人群可

⊙ 好奇的村民

能会无礼得多。当无法以常规安排滑竿或苦力时，他们出面与当地的头人一谈，事情就摆平了，当然实际上通常都是头人们在从中作梗。至少有一次，如果不是有他们帮忙，我永远也不可能趟河而过后脚上的鞋还是干的。告别时，我给了他们每人几百文钱作为"酒水钱"（中国人称小费为酒水钱）。这些酒水钱我给得比任何时候都高兴。

严先生至少一个月以前就已得知我可能到访，至少两个星期前就知道了我大概到达的时间。然而出于中国人特有的周全考虑，在我真正到达前，他没有提前做任何准备。可想而知，在我到达小教堂的那间客堂后的半小时内，他们有多么忙碌了。我刚刚在对着门的桌子边坐下来，便有一个人带着一块脏乎乎的湿擦桌布进来，开始使劲擦拭桌面上陈年累月的灰尘，"好让牧师先生有块干净地儿吃饭"。擦完桌后，他操起扫帚开始扫地，用力之大，那些数年以来积攒在泥土地上的小坑和小缝里的灰土被扫得漫天飞舞，很快屋里的所有物件上就又盖满了灰尘。这是他对客人表示尊敬的方式，我又能说什么呢？

这时候，外面已经嚷嚷开了，说镇里来了洋人。镇民们开始进门造访，和我聊天，或者干脆就两眼直直地盯着我看。说起来真不简单，传教士们会找到那么多的内容可以宣讲，那些《圣经》中根本没有刊载的内容！通常，如果一个中国人能主动登门来看布道者，他也会尽力显示他对西方事物的兴趣，绝不会让传教士自己一人说个不停，或者问所有的问题。相反，他会问很多"怎么样""为什么"的问题，多得如秋天的树叶。他想知道一切有关"贵国"的事情，比如火车、蒸汽船、电灯、电车、衣服和食物的价格，等等。他还会问你的年龄，有多少孩子，是什么事情把你带到了这个地方，等等。有关个人的这些问题使传教士乘机开始讲述那"古老又古老的故事"。很多时候来访的人总想把话题引开，我有时候也顺着他，但到最后他还是听到了福音的故事。而且不仅仅是他一人听到，因为客堂的隔墙板上有很多缝隙和小洞，每一条缝和洞口上都能看到一只明亮的眼睛。从隔壁屋里不断传出的窃窃私语表明，那些好奇的偷听者们对传教士和他们的同乡之间的谈话非常感兴趣，而且不停地发表各种评论。

在众目睽睽之下以非常原始的方式匆匆进完餐后，我们发现小教堂里已经挤得满满的，连屋外的路也被进不来的人堵得严严实实。我们事先并没有将此次布道会的时间固定下来，只是轻松而模糊地将它定为"晚上"，只要听众准备好了我们就可以开始布道。

乡村布道会是令人难以忘怀的。唱圣歌专门列为布道的"序曲"。这里的大多数人都不识字，也无缘接触圣诗。那些会唱的人则使出全身力气，只管大声唱，全然没有节奏，更不管音准和声调。领唱者能大致听到从大厅各处传来的两三种不同的声调，也能注意到，有些人已经唱完整首诗，而另一些人则只唱到第三行。但大家都在尽最大努力，而且会学得越来越好。唱完圣歌后，我们很仔细地给那些旁观的民众讲解了即将要做的祷告，然后便开始低头祈祷。在围观的人群中，有些人看到做祷告者跪在地上，嘴里念念有词，便转头四处张望，看他们到底在跟谁说话。由于没有看到任何可礼拜的偶像，他们感到很不自在，很快便离开了。也许他们以为我们在施魔法，招来妖魔鬼怪。为了不使灾难临头，他们选择了躲避。

又唱了一首圣歌后，我们开始自由交谈。三名本地宣教同道和我轮流解释了福音对我们的意义以及对我们的改变。对围观的群众来说，这一切听起来一定很奇怪，与他们所预想的完全不一样。有时一两句谚语立即能勾起他们的注意，一个关于当地风俗习惯的比喻就能打开那扇通往心灵的窗户。只要布道者讲得有趣，听众都会聚精会神地聆听。今天晚上就是这种情形。所有人似乎都沉浸在福音中，因为布道结束时大部分人仍然留在会场，不愿离开。从布道的小讲台上观察他们真是一幅有趣的画面。前面几排的人都坐着，但到场的人太多了，没有足够坐的地方，于是他们只好一个挨一个地站着，把屋子里挤得满满的。在他们后面，有一两排人站在长条凳上，甚至连最后面的窗台上也坐满了人。有一个小男孩很有创意。我看见他搬进来一张小方桌，这样他和小同伴们可以站在上面，从而享受到"专座"的"特权"。

⊙ 等待洋人到来

当然，不时也会有一些干扰。比如一个泼辣的妇人进来找她丈夫，发现他坐在前排，立即怀疑他在"吃洋教"，命令他马上回家。然而牧师无意中的一句话引起了她的注意，她留下来待了很长时间，直到把那个《圣经》故事听完。另一名男子兜里揣着家里的钥匙来到教堂，不得不在老婆的大喊大叫下交出来。另有一位本来想开牧师的玩笑，却马上被周围的人制止了。还有一位虽然提问题的方式不是印度教的委婉方式，但问了一个非常实际的问题："如果你们的宗教叫人们不敬神，怎么能算是好宗教呢？"这时候，传教士就抓紧时机，解释我们所教导的真正信仰和真正神灵是什么。也有人问："你们为什么不教人尊敬祖先或父母？"当然，我们又会耐心解释，我们教导的是父母活着时就要对他们顺从敬重，而不是活着时不管，去世后才敬拜他们。

听众对类似这些问题总是很感兴趣，而且喜欢我们直截了当地解答他们的疑惑。通常，你不必大费周折就能让一名普通的中国人相信，所有人都有罪过。中国的一句谚语就说过："世上只有两种好人：一种是已入土的，另一种是没出世的。"有些人一开始不大明白罪过到底是什么意思，因为在他们看来，"罪"与"罚"是同一意思。曾经有一段时间，我对坐在路边的瞎子乞讨时的哀求一直不解："罪过，罪过，给我一个铜板吧。"有一天我豁然开朗：他根本不是在说他自己有什么罪过，而是指前世的罪给他带来了惩罚，因为他相信灵魂可

⊙ 灵山湖卜师之家

投胎转世，对前世罪过的惩罚才有了现在眼瞎的灾难。另外有一些人会说："罪？我有什么罪？"在他们眼里，只有像杀人放火那样的暴行才算罪。

有时候，他们所理解的并非传教士想教给他们的。比如，四年前，一位传教士讲过这样一个故事："上个礼拜天下午，我在讲解'若不流血，罪就不得赦免'这段经文。快要结束时，一名穿着整齐的男子走到祭坛前，要求发表几句感言。他说他自己有罪，既然牧师说的都是对的，他希望以血赎罪。说着就抽出一把刀往自己手腕划去，顿时血流如注！"这当然不是牧师所希望的，对不对？用中国人自己的俗话说："牧师说东，听众却理解成西。"不过总的来说，如果布道的主题是关于赦免罪恶或者上帝的仁慈，听众通常都持理解态度，不时会点头以示赞许，甚至会对这一新宗教说上几句好话，比如："那家伙虽说是洋鬼子，但说的倒是大实话。"

布道仪式持续两个多小时后，汽灯开始变暗，听众中有人开始打瞌睡，或者非常大声地打着哈欠。于是我们最后一次唱赞美诗，祈祷，仪式结束。有几个人留下来，和我们更深地探讨了其中一些问题。他们都说会在礼拜天参加日常的布道仪式。有几个人对传道小册子感兴趣，听了我们的讲解后便买了带回去看。教堂的大门关上了。最后一批人怀揣着牧师点拨的新思想离开了教堂，脑子里还反复回味着赎罪的奇怪的故事。

快午夜时分，大家都感到很困倦了。我们和当地牧师一起把教会的各种要做的事务理了一遍，就准备就寝了。他们没有为我准备专门的卧房，不过那样倒更好，我可以独自享用那间大客堂，用不着睡虽有床但通风极差的小卧室。人们从教堂里搬来两条木凳，又从门框上卸下一块门板搭在上面，这就是我的床。在这张没有弹簧的床上，裹着棉被，我很快就呼呼入睡了。

不过好梦不长，我不断地被吵醒。先是一些迟到的人发出的嘈杂声，那是第二天我们将造访的传教站派来给我们领路的乡民。他们得在小教堂里搭张木板当床睡觉。然后是我隔壁的铜匠铺传来的犹如火神打雷发出的巨响声。这位老兄白天整整一天都在偷懒，这会儿却鼓足干劲好像要赶在天亮前把一个大铜炉打造完工！教堂养的狗儿不一会儿钻到我的床下安了窝，时不时地叫一两声，友好地提醒我，它在好心看护着我。鸡窝里的鸡也不甘寂寞，大概知道我忘了戴表，每隔一个时辰便洪亮地啼叫几声，提醒我时间的流逝。当他们都安静时，街上巡夜的更夫却没有闲着，一边敲着空竹梆子，一边拉着长长的嗓音，既报时又威慑着那些小偷和心怀不轨的各路坏人。总的来说，与其忍受这些折磨，我宁愿黎明早些到来。终于到了5点钟，我如释重负地和大家一起起床，为即将开始的新旅程做各种准备。

第五章　走乡串户

在不通水路的地方，我们不再乘船，而改坐滑竿或独轮车。但无论从哪个角度看，二者都不是理想的交通工具。如果坐独轮车，其巨大的车轮在木轴上尖声厉叫，碾过坷坷坎坎的路面，一会儿冲进深沟，一会儿陷进泥浆，一会儿又撞进一堆碎石，一路上会把你颠簸得全身都发紫。另一方面，没有任何人愿意一天的大部分时间都靠别人扛在肩上前行。那样做实在说不过去。唯一的办法就是自己走，但这就意味着到达目的地时已筋疲力尽而不能正常地工作。在中国各地旅行就得入乡随俗，所以我们只好放弃情感因素，雇了一顶滑竿，同时下定决心尽量多下滑竿行走一段路程，以使轿夫多得到一些休息。

东方国家的空气洁净度很高。我们穿行在稻田里，人们远远就能看见我们的身影。在每一个村口，都有妇女、儿童和年事已高、不能再从事农耕的男人们在迎候我们。在有一处，应该是吃晚饭时间吧，因为所有的人都拿着饭碗和筷子。那

⊙ 稻田

些小家伙们虽然眼睛紧紧盯着我们的队列穿行，却从未停下手里的筷子，非常卖力地把碗里的饭扒拉进嘴里，还真让我们不得不佩服。

让我们印象最深的是一位白发苍苍的老奶奶脸上的严肃表情。这是她老人家平生第一次（或许也是最后一次）出门看洋人。我不知道她期望看到的是什么，但是因为我们走得很快，匆匆而过，她根本来不及对所看到的陌生面容做任何反应，只是惊讶又激动地叫了一声"嘀"！引来大家一阵笑声。或许她非常吃惊，眼前看到的外国人长的竟然如此普通，根本不是她想象中或者在哄吓调皮捣蛋的孙子们睡觉时所描述的那般凶神恶煞。

这让我想起 6 年前在一片稻田里旅行的情景。只见一位老妇人一边急急忙忙地迈着小脚，一边大声地喊："洋人在哪儿？不是说有洋人来了吗，在哪儿呀？"我心想，我还是让她仔细瞅一瞅吧。于是当她来到我站立的地方时，我主动向她介绍了我自己。她直直地看着我，足足有好几分钟，然后满腹质疑地说："你！你是洋人？天哪。你长得既不像魔鬼，又没有丑得要命，怎么可能是洋人呢！哎呀！"

中午时分，大家都走累了，有人建议停下来休息，吃一些东西。这是一块阴凉地，而且远离嘈杂的村庄，是野餐的最佳地点。不过我的挑夫们可不这么认为。他们很不明白，为什么我们要选这儿歇脚，既没有桌子放食物，也没有凳子可

⊙ 插秧

坐。而一英里外的村子里有一家小饭馆，可以提供我们需要的任何东西！于是大家继续前行，半小时后，进了满地泥泞、茅舍遍布的村子。倒的确是有一家小饭馆。说是饭馆，但只有一间大屋子，被陈年累月的烟雾熏得黢黑。屋里的灶火每天都要生一次，以方便那些需要烧饭做菜的过路人。然而由于没有烟囱，炊烟只能从屋顶的缝隙或者低矮的门道泻出，这也可以解释为什么屋子四面墙壁一片黢黑。屋里有两条长凳，其中一条正好为我们派上用场。也找到了一张桌子，只不过这桌子的四条腿摇摇晃晃，桌面由几块脏木板拼合而成。我们把桌子搬到屋前的路上。村民们很快便将我们团团围住，好奇地看着我们将桌子摆好，准备就餐。

午餐桌上的食品对你们这些远在英国家乡的男孩女孩来说并没有什么特别之处，但对这些村民来讲，确是大开眼界的新鲜事。他们充满好奇地看着那些刀、叉、搪瓷盘、杯、碟。毫无疑问，私下里他们一定认为这种用餐方式较之用筷子（中文谐音"快子"，即快捷的孩子）不知野蛮多少。当我的侍童拿出两个他们看惯吃惯的橘子时，围观的村民们才变得自在起来，还激动地打赌，看哪个孩子能得到橘皮。用完餐后，我们在一棵大柳树下开始聊天，就像以前面对许多这样杏眼黑发的村民们一样。我们开始讲述主耶稣的故事，讲述他名义上是犹太村民、拿撒勒木匠，实际上是上帝的儿子。他缩短了天堂与人的距离，使得上帝不再那么遥不可及。当我们

⊙ 李家集的桥

离开时，身强力壮者跟在我们身后，体弱者则用充满渴望的眼睛目送着我们，直到我们的身影淹没在山间丘陵中。那模样奇特的洋人所传达的奇特信息在他们脑中会停留多久呢？也许，数月后、或者数年后就会消失，或者根本就一点没留在脑子里。

离开这个村子之后，我们往下一站李家集出发，一路上倒还平安。太阳落山时，一座板桥出现在眼前。我大约量了一下，桥的长度约240步，离水面约20英尺。桥下的河水并不深，但桥面却非常窄，一次只能容一人通过。所以对面来的几个苦力只好平卧在桥上，让空滑竿通过。这情景使我想起了关于山羊的古老寓言。在桥中间时，我们也经历了同样的困难。一排穿得漂漂亮亮的姑娘蹲在无护栏的桥的一侧，留出另一侧让我们通过。过桥后，我们由城墙上被洪水新近冲成的一个大口子进了城。

在此地逗留期间，我们看到了很多洪水泛滥后满目疮痍的景象，也听到了很多相关的故事。据说，洪水淹没了稻田，积水达15英尺深。现在平静流淌着的河水曾经一夜间暴涨40英尺。滔滔洪水卷走了很多独轮车夫和挑着重担的脚夫苦力。渡船上满载着惊恐万状、急于逃生的男男女女，却连船带人一起沉到了河底。

沿途中，我们看见到处都是洪水肆虐后留下的景象。一座村庄被全部摧毁，没留下一幢房子。在有些地方，房子只剩

⊙ 樟树环绕的名寺

下了一具骨架，原有的干打垒的墙由于墙根在洪水的浸泡下松解而全部倒塌。我想知道在此灾难中有多少人丧生，但没有人能告诉我确切数字。他们只能告诉我，有一天晚上，城里房屋成片成片倒塌，里面的人被压被埋，有的人甚至被坠落后断裂的横梁刺穿。类似这样的可怕故事多不胜数。甚至此时此刻，当我写下这些故事的时候，满眼看见的仍然是凋敝破落的景象。

洪水冲过留下的细沙厚厚地盖住田地，只有等到运走或清理完毕以后才可能种植庄稼。很多壮劳力已经离开此地，去他乡寻找生路。偶尔能看到三三两两的妇女蹲在地里，使出全身力气只是为了刨开沙土，理出一片地来，哪怕只有几平方英尺，以期能种一点东西以应付即将到来的饥荒。至少得等一两年后，湖北的这片地区才会重新变成富庶之乡。

远处，地平线的尽头矗立着位于河南省内的群山，山峰映衬着蓝天白云，巍峨宁静，似乎全然不知从那里飞流而下的沙土给下面肥沃的平原带来了何等的灾难。

令人欣慰的是，上个星期（5 月 5 日），汉口教会募捐赈灾，筹得 32.8 万文钱，相当于 35 英镑。这些钱可以帮助很多灾民购买种子或粮食，渡过难关。

我们一路上所受到的接待、看到的景色、碰到的人以及他们对福音的态度，都和我们经历的天气一样，变化多端，难以预测。头天我们还在烈日下暴晒，第二天就被困在瓢泼大

⊙ 财神庙

雨中，寸步难行。到终于能成行时，却发现只能在泥泞中或淹没膝盖的水中艰难地跋涉。有时候眼前是一望无际的平川，单调乏味，不多久却出现了上百座村舍，像一连串的群岛，镶嵌在茁壮成长的庄稼的绿色海洋里。

一路上，我不时地问自己，还要过多少年福音才能传遍这些"岛屿"呢？站在一个小丘上，我能数出至少 50 户人家的房子。我的同伴告诉我，住在这些房子里面的人中，连一名基督徒都没有。有人曾说："在中国内地，目光所及之处如果都是异教神庙，人们顶礼膜拜的都是又聋又哑又瞎的偶像，那么中国人皈依基督的希望难道不是微乎其微吗？"

然而，请好好想一想吧！仅仅 13 年前我们才艰难地开始在这个县传播福音。虽然有外力的压制和教会内部的麻烦，我们的成果却不断扩展壮大，到今天已经有 13 个传教点开展各种服务了。传教士们为开荒播种付出了诸多辛劳，但收获也颇为丰富。每当他们在各点巡视、为皈依的信徒施洗时，心中的喜悦之情真是难以言表。也许还有很多不尽如人意之处，然而上帝在如此短暂的时间之内使信众增加了那么多，则更让人欢欣鼓舞。马礼逊和米怜曾希望通过传教士们的努力，100 年后中国将有 1000 人皈依基督。现在 100 年就要过去了，我们发现有将近 4 倍（即 4000）的传教士在中华帝国工作，信徒则多达 200 倍（即 20 万）。100 年后，我们的后继者面对的异教徒将大大减少。

⊙ 三店城墙

有一次，我们路过一个村庄，碰见一名妇人站在路边，扯着大嗓门叫喊着骂人的话。早在她出现在我们面前，我们就已听到了她的骂声，而走过她很远以后，那尖利的嗓音仍在空中回荡。我问同伴，"怎么回事？""噢，她晾在外面的东西被偷了，她在骂小偷和他的祖宗呢。"

还有一次，正值黄昏时分，夜幕笼罩着山川平原，寂静的空气中突然传来一阵女人的哀怨哭声。原来，是不远处山坡上一名女子守在棺材边痛哭。刚开始时她只是呜咽，但听上去有点阴森恐怖，直到你明白这不是游荡的精灵在黑暗中哭泣，而是一名可怜的女子为家里失去了养家糊口的主心骨而悲恸。过了一会儿她的哭声变得越来越大，越来越尖，充满了整个空间，似乎天地间除了这孤独灵魂的哀号外，再无他声，即使这哀号能给她带来些许安慰。慢慢地，它也消失在了夜空中，随之而来的是似乎能刺透人耳朵的寂静。

一路上，我们见到各种场景，比如，巨大的水牛拉着沉重而原始的犁在水稻田里耕耙；两三个男人和孩子用脚踩着奇怪的水车，把水从池塘或小湖送到地势高的田里；形形色色的小镇和村庄，等等。要是把这些和其他许多英国人看来都很奇特的事情全写下来，这一章就会太长了。通过我已有的描述，我想你们一定已经大概了解，在刚刚起步、大多数人还未对上帝的真理有所领悟的乡村进行传教工作是怎样一番景象了。总的来说，我们在每一个地方的经历大同小异，只是村民或镇民们的友好程度稍有差别罢了。

我们听到过很多基督徒遭迫害的故事。在一个集镇上，有位老人仅仅因为不愿在龙舟节上缴纳朝拜神像的香钱而被拖着头发在街上示众。有时候，麻烦是因为那些半开化、想入教的人们缺乏策略与耐心而引起的。不过，这也不能全怪他们。想想我们自己的国家：即使在我们自己的土地上，基督的真理也花了那么长的时间才得以被接受；即使那些一生都生活在基督教为"本土"宗教而非"外来"宗教的环境中的人们，也都花了那么长时间才学会了基督的牺牲精神。这么一想，我们就会对这些人多一些同情和理解。他们的信仰之所以很微弱，是因为所有的法度都不利于他们及其宗教需求。

我们曾路过一个名叫"三店"（San Tien, or Three Taverns）的地方。这是一个繁忙的集镇，被大石头垒成的城墙环绕，很像一个真正的城市。由于经常有强盗从山上下来抢劫，这一地区所有的大城镇都像这样修建城墙保护自己。我们在镇里的小教堂其实就是在强盗抢劫后的残迹上修建起来的，屋顶房梁顶端被火烧焦的痕迹还在，成为多年前的暴行之无声见证。

出发之前我曾被告知，三店镇还从来没有外国人去过，我将是第一人，而且那儿的人对外国人很友好。到了以后我发现此话一点不假。虽然街上被人流挤得水泄不通，但大家都很守秩序，连小男孩们都异常的乖顺听话。

对这个城里为数不多的基督徒来说，这将是非同寻常的一天。小教堂将正式对外开放，供人们做礼拜祈祷，并且将接纳第一批皈依者受施洗。我们到达后不到半小时，全城的人都聚集到了教堂门口。不止一次，有那么几个难对付的乡民，使得我的护送人的耐心到了极限，以致我不得不出去一再告诉他们，不要打骂那些想拼命挤进教堂大门的人。第二天早上，他们告诉我，有一个家伙不敢说我们的坏话，却以为可以把怒气撒在本地牧师的身上，想用脏话骂牧师太太，不曾想被衙门的士兵狠狠揍了一顿。虽然我并没有看见这一幕，但我想应该是真的。

下午4点半时，门童来报，所有候洗者都到齐了，准备接受考核礼。于是，在同来的两名牧师协助下，我开始了考核礼工作。这些人中的大多数两年前就宣称要信仰基督，有的人更早就开始了。但是他们想要信主的确切原因，我们却很难弄清楚，因此不得不采取在英国根本不必要的谨慎态度。人们曾说，早期的皈依者是为着教会施舍的米饭而来的"米饭教徒"（rice Christians），是"吃"教，而非信教。你可能还记得杨格非博士的第一批来访者中有一名男孩，一心以为外国人来的目的就是散发食物。这一阶段已经过去，接之而来的是借入教赢官司阶段，即人们发现不用花钱贿赂地方官以求公正，而是从基督教会得到新的力量，借以反对那些不公正的压迫者。这一阶段也正在过去。不过，我们仍然需要万分谨慎，因为即使有公开考核和试入制度，也仍然有很多杂

⊙ 刘牧师给村民讲道

草被带进了上帝的净土，需要连根拔掉，以防它们的种子日后到处传播。

那么，考核礼到底是怎么一回事呢？

首先，我们要弄清楚候洗者是否真正了解基督教义，是否在努力追寻崇拜上帝的真正意义。所以我们一开始会问他很多有关耶稣基督以及赎罪方面的问题。我们也会问他有关偶像崇拜以及其他方面的情况。

不过，由于大部分问题都能从杨格非博士编写的教义小册子中找到答案，传教士们通常会尽力去发现候洗者对美好生活的理解。他们会问他靠什么维持生计，为什么想入教，教徒对他人有何责任，等等。通常，在这种反复询问的过程中，总有一些秘密会泄露出来，使我们明晓他们还没有完全摆脱神偶崇拜，比如，灶上还挂着灶王像，香炉上仍点着供神像的香，或者此人经常赌博或抽大烟，等等。

那天晚上，在三店接受考核礼的人五花八门，参差不齐。一名年轻自大的男子大摇大摆走到桌边，带着不屑一顾的神情坐下来。夸夸其谈地回答了几个基本教义问题后，他便自顾自地笑起来。很快他便被大家止住并打发走，让他去学习基督教的首要原则。后来我们才知道，他买通了教堂里散发教义册的小书童，把他的名字加在候洗者中，借机来嘲弄我们和我们的宗教。但是，没想到，这"玩笑"却开在了他自己头上——因为没有成功，他那帮同伙给了他好一顿臭骂。

还有一名男子，看上去无所不知，回答问题也恰如其分，但却总让我们心里感到不安。我总觉得有什么问题。问到他对赌博的态度时，我发现旁边站着的一名男子脸上露出一丝坏笑。这个男子发现我在看着他，这笑容立即消失，转换成一副漠然的样子。我决定不能让这名候洗者过关。后来我们得知，此人多年来嗜赌成性，至今尚未改正这一恶习。另一名男子被发现是一名大烟鬼，但他自己矢口否认，虽然他那蜡黄的脸已经说明一切。他之所以被发现，是因为一句漫不经心的回答。当被问到"是不是还没有到上瘾的地步"，他回答："还没有。"这使得听众都明白了他的底细。我也对他深感遗憾。他自始至终都是很严肃认真的，诚心希望入教以改掉陋习。也许他以为施洗的圣水有魔力，能帮助他摆脱烟瘾的折磨。无论如何，我当然只能告诉他，教会不能接纳他，即使他只是稍稍沾一点鸦片而已。但是，上帝的力量能使他与罪恶决裂。我们鼓励他改邪归正，等下次我们来时再争取入教。

当然，这些都只是故事的一面，而且是消极的一面。那天晚上，我们听得更多的是振奋人心的故事。一对夫妻走上来，双双要求入教。妻子显得更有智慧，而且真的是"心扉已被上帝开启"。丈夫看起来是一个头脑简单的庄稼汉，完全是被妻子引上了信教之路。但有一点很清楚：两人都学会了对基督无比热爱，而且已经为此忍受了艰难困苦。我们万分喜悦地欢迎他们成为上帝的子民。

两名 18 岁的年轻男子也很聪慧，其中一名还是读书人。他回答了很多有关《马太福音》的问题，而且显然花了不少工夫思考那些困扰人类的重要问题，诸如我们到底是谁、从哪儿来、到哪儿去，等等。

两小时不间断的考核后，我们不得不终止。我的同伴提醒我，从早上到现在，我们还没有吃过任何东西，该是享受一点人间温饱的时候了。进餐后，我们又愉快地开始了对候洗者的考核工作。

我必须承认，这是一次非常独特的考核，可以说，过去没有、此后也再没有过与此一模一样的经历。通常，在那种情况下，传教士会与候洗者单独相处，真正了解他步入信教之路的原因。但是在三店的这首次集会上，这样做根本不可能。中国人的脑子里本来就随时都有关于洋人的最坏猜想，而关于暗地里进行的事情，猜想会更多更糟。所以我们只好把本应单独进行的事情变成有目共睹的公开事件。这样做也带来了意想不到的各种良机。教堂后面的小屋里常常会有 60 多人挤在那里，观看或旁听候洗者回答问题。当耶稣十字架上受难的故事重复了 50 遍后，相信大部分听众一定都对故事的基本要点了然于心，而且这种布道的方式绝非寻常方式可比。看到现场听众能如此融入考核现场的气氛中，我觉得很有意思。

一名候选人由于紧张，答错了一个问题，现场一名聪明的小伙子马上就纠正了他。这名小伙子在那天晚上之前从来没有接触过福音。当他发现我对他的好意相助报以微笑时，他却为自己的冒失羞得满脸通红。那天晚上大部分时间都是像那样度过的。等到考核最后十来个候洗者时，听众中绝大部分人都能对正确答案点头以示赞许，对错误答案严肃地摇头加以否定。

等到我们把最后一名候洗人考核完毕时，已经是晚上10点半了。由于第二天早上6点钟就得上路，我们只能立即举行献堂礼和洗礼仪式。即使那么晚了，围观的人们仍然兴趣盎然，教堂外的空地里以及屋子里所有空间都挤满了人。最后，屋子前部的窗户及百叶窗被全部卸了下来，以便所有的人都能看得清楚，听得真切。仪式进行得很精彩，过了半夜才结束。人们依然意犹未尽，在我们的不断催促下，才不情愿地离开回家。我们一共给25名成人和5个儿童进行了洗礼，又在候洗人名册中添加了不少名字。怀着感激的心情和疲惫的身躯，我们进入了梦乡。

我第二次去三店时，完全是另一番景象。同样是熙熙攘攘的人群来欢迎我们，但是远不像上次那么闹闹哄哄。而且这次没有洗礼仪式，等待我们的将会是一个漫长的夜晚，可以使我们有足够的时间深入讲解福音。吃完晚饭后，我们等了一会，卖了些小册子，与民众聊天。当他们看着我们时，眼睛里充满了"渴望"。用陈牧师的话说，无论他们盯着我们看多久，那种"渴望"都不会消失。当人们基本安定下来后，我们决定开始做礼拜。

这个地区的人们虽然名声不大好，喜欢吵吵闹闹，但是我们上次来时，那些吵嚷推搡只是因为好奇，并非出自恶意。因此当我示意大家安静下来，准备7点钟做礼拜时，并没有太在意仍在大声嚷嚷的那两三个人。

这里的"讲坛"是一个小小的平台，上面有一张小写字桌正对着门。这座小教堂纵深只有30英尺左右，所以讲台离门口并不远，那些聚在门外的人能清楚地听见和看见灯光下的人的一言一行。礼拜仪式刚开始时，人们都能保持安静，但我们的老牧师刘先生讲话刚开始不久，混乱局面就开始了。一开始是门边的两个家伙大声吵闹，然后一块石头砸在前边的木头窗框上。刘牧师并未中断演讲，只是要求听众保持安静。

这时候，一名杂货店老板走上前来，动手拆卸百叶窗，嘴里念叨着："我们什么也看不见，听不清。"不过，他的行为实属鲁莽，我便走下讲台去阻止他。幸亏我这样做了，因为我刚起身离开座位，就从敞开的门道飞进来一堆砖头和石块，砸在讲坛的后部，也正是我刚才所坐的地方。砖头和石块不停地砸进来，但是神奇的是，居然没有一个人受伤。吊在我头上的一盏中国灯笼被砸得粉碎，但是唯一的那盏煤油灯却逃过了劫难。在流弹似的飞石袭击中，刘先生被一块反弹的石片击中，陪我一同到达的泰勒牧师也好几次险些被击中。讲坛的前部被砸坏，同时受损的还有一些木制器具。我们以为，

⊙ 看新建铁路布告

那帮流氓对我们如此强烈猛攻一番之后，一定是扬长而去了，因为那以后安静了一小会儿，刘牧师继续他的演讲，希望着这一混乱已经结束。然而仅仅过了几分钟，石块又开始飞进来。我们别无他法，只好决定散会。散会前，伴随着石头击中百叶窗或者屋顶瓦片时发出的哗啦声，我们唱了赞美诗和祝福歌。

镇上的治安官赶来，与我们的卫兵一起竭尽全力制止这场骚乱。可是邪恶之气似乎占了上风，黑暗中，石块依然从四面八方飞进来。几位同工过来问我，是否需要把我的名片送到本地的绅士府上，告知他们我们遇到了麻烦，希望他们出面，利用他们的影响来阻止那些人作恶。他们本来也应该对当地人的行为规范负责。虽然我完全明白这样做毫无用处，但我还是同意了让同工们前去请乡绅来帮忙。然后我们坐下来，静心祈祷千万别出什么大乱子。你看，我们知道，有上帝在看护着，我们不必害怕。如果我们表现出哪怕一丁点儿恐惧之色，对围绕在我们周围的那些新皈依者都会有非常不利的影响。

正如所料，乡绅们就像被风吹断的芦苇一样，压根儿靠不住。而且我们此时也得知，事发之初，一名老同工在没有让我知晓的情况下就去请过他们，但得到的答复是"太忙，来不了"。当信使带着我的名片前去时，听到的答复是："非常抱歉，他们都不在家，去邻近的城镇了，无法相助！"

⊙ 我们离开三店，村民跟过玉米田

于是我们安静地等待着，或读书，或写字，或与身边的基督徒们聊天，即使石块还在漫天飞。我也知道了事情的原委。在这个地区有一户姓宋的大户人家。这家的一名年轻人非常爱动脑子思考问题，积极通过各种方式学习世间之道，最后从替世人赎罪的上帝的羔羊那里找到了真理。他的家族态度坚定，决不答应他与基督教有任何瓜葛。他们先是对他施以一系列的小小惩罚，但随着他归主之心越来越坚定，他们的手段也变得越来越残暴。最近，他们甚至雇用了一批打手，在他旅行途中对他大打出手。现在，黔驴技穷，作为最后的一招，他们决定不顾一切地捣乱这个他肯定出席的会场。至于他们的最终目的和为何会想到采取如此下作的手段，我们就不必费心去寻思了。

一个半小时后，石块不再飞进来，那帮流氓被驱散了。这主要得力于我们的卫兵们的努力。一路上他们都非常尽心尽力，保护我们免遭不幸。如果我们遭到任何人身侵犯，他们的前途也就完了。这时，雨点开始飘起来，我们知道当夜不会再有什么麻烦。于是，我们又聚集在一起，听刘先生和苏先生讲述昔日基督徒受迫害的故事。刘、苏二位先生都不止一次有过这种被袭击的经历。后来，一位新皈依的小教徒送进来一个木托盘，放在我们前面，然后抖一抖他那宽大的衣袖，竟然从里面抖出来两三磅的炒花生。我们开始一边吃花生，一边讨论汉语的诸多复杂奥妙的现象。

⊙ 危桥

我们当中至少有四人能说两种不同的方言。听他们比较这些方言的异同，对我们来说是一件非常有趣的事。苏老先生患有严重的哮喘，却最喜欢侃侃而谈，尤其爱贬低那些马马虎虎对待自己家乡语言的人。他谈到了从前走南闯北、行商所至之处的几种方言，尤其瞧不起其中的一种方言，那儿的人连"人"这个字的发音都发不准。然后他开始对传教士学汉语发音中的问题开始点评，并且专门把我挑出来，以他所听到的汉口话为标准，对我的汉语语音逐一进行考核。对他来说，这是一件很愉快的事情，对我来说却不然。因为一直是他一人在说个不停，大家都有些觉得索然寡味了。于是我决定让他也尝尝受挫的滋味。

"好吧，苏先生，请你说'南'（nan）。"

"南，"他答道，发音很准确。

"请说'兰'（lan）。"

"南。"

"不对。请说'兰'。"

"南，南，南！"他的声音越来越大，脸也涨得通红。我们四人摇着头，看着他笑而不语。显然，跟所有地地道道的华中人一样，他也不能区分鼻音 [N] 与边流音 [L] 的区别。

这时已是 10 点多。我们都很累了，于是提议大家都准备就寝。话音刚落，又一堆石块像阵雨般袭来。好在除了砸碎几片瓦以及让我们再受一番惊吓外，并没有造成其他损失。

准备就寝前，那几个中国人仔细地观察着我们的一举一动，以确定他们该怎么做。我们请他们搬来两条长凳，拆下两块门板搭在凳子上，在门板上把铺盖卷儿打开，然后我们开始脱衣进被。他们惊奇却一言不发地看着我们做完这一切，很快便学着我们的样子，搭床就寝。

不过，我们没有想到，旁边屋子里拴着一头驴，套在它身上的链条不断地发出哗啦啦的响声，吓得我们睡意全无。跟我们逗留过的每一所房子一样，这所房子里到处都是成群结队的老鼠。每当我要睡过去时，总是被惊醒。一开始我还以为又是石头飞进来了，然后才明白，原来只不过是老鼠飞跃落地时发出的咚咚声音。快到天亮时，我们都沉入了梦乡。等睁开眼睛时，太阳正从东山上升起，驱散了坏人借以掩护而做坏事的黑暗。很快我们就离开三店上路了，走时响动非常小，所以没有几个人知晓我们已经离开。

那天深夜时分，那帮流氓又来捣乱。他们在门边堆满了干柴，并点上火，试图烧掉那座小教堂。这次，乡绅们终于出面干涉，因为在满是木头房子的城镇里纵火在中国是一桩大罪，他们再不干涉连他们自己也脱不了干系。其中的一位独自一人把火扑灭，然后在镇上的治安官协助下，赶跑了那帮存心要跟我们作对的歹徒。

第六章　男孩女孩

　　无论走到哪里，西方旅游者总是会被中国生活的一个方面吸引，而这一方面色彩斑斓，具有长久不衰的吸引力。无论是在城市还是乡村，是繁忙嘈杂的城市大街，还是闲散僻静的乡村小道，你总能看到孩子的身影，脏兮兮，无人看管，然而总是快乐无比。在他们的生活中，一般中国人普遍经历的生活辛酸不复存在。当然，跟世界各地的小朋友一样，这些"人间小天使"也有自己的苦恼和麻烦，但让我们印象最深的却是这批黄色皮肤的小精灵对生活由衷的热爱和享受生活的乐趣。他们与我们英国故乡的男孩女孩很相似，只是他们表现快乐的方式有所不同罢了。

　　然而，当我们开始询问他们生活的细节，诸如他们怎样生活、怎样长大时，我们却不得不说，那些可怜的小婴儿，好像"天生就是受苦"的。他们自呱呱坠地起，命运就掌握在了接生婆的手中。通常情况下，接生婆是一名已经生儿育女的老妇人，她把诸多子女和儿孙拉扯大的经历使得人们相信，

⊙ 中国婴儿

她在如何对待婴儿的问题上有着不容置疑的"智慧"。年轻的母亲们通常更相信她，宁愿请她来家，而不是劳驾就住在几步远的传教士医生。就在不久前，英国的婴儿不也几乎面临同样的命运吗？让我们期望，几年后中国会迎来一个新世纪。你可能会问，接生婆会对新生婴儿做些什么呢？唔！她不仅在"治病"上有几手，而且还有很多"防病"的招儿。

试想一下，如果你的小弟弟被用这种方法治疗，你会怎么想？刚出生几天，这小东西的鼻子和头顶就会被点燃的火柴炙烤。为了达到效果，人们会一而再再而三地这么做，直到小婴儿因为疼痛而哇哇大哭。如果他没有感到疼痛，那大人们就会担心，不知道他能不能抵抗感冒。如果他哭了，家里的大人就可以放心，不必焦虑了。如果被炙烤了，婴儿也哭了，但最终还是患了感冒，那他遭的罪就会更多。"救婴者"（按照传教士们的说法，"弑婴者"更贴切）会立即被请进家门。也许孩子得的是急性支气管炎，于是老太太戴上她那巨大的玳瑁框眼镜，毫无温柔地一把抓过小婴儿，用劲把他的嘴掰开，以观察他的喉咙，然后用一根或者一双筷子，从那小小的喉咙里夹出令他们惊恐万分的"白痰"。

有一次，我被请去为一名基督徒的孩子看病，正好碰上老太太在行这一残忍之举。当我阻止她这么做时，老太太狠狠地盯着我，表现出强烈的谴责，同时又得意洋洋、获胜般地笑着说："看看，有多少痰和血被我夹出来了。"然后，她慢

⊙ 婴儿塔

慢摇着头，自言自语地说："不管那是什么东西，这就是让孩子哭叫的病根！"当我告诉她我对她那些疗法的真实想法时，她一定觉得我鲁莽无礼之极。

这些小婴儿从一出生似乎就注定很难存活下去。家里边很难找到一隅干净之地，家外边则根本没有。有的年轻母亲年纪真的是太小了，完全不知道怎样照顾小孩子。每一个孩子都哭个不停，但哭久了总能得到想要的东西。从很小的时候起，他们就开始吃生土豆或黄瓜，或任何大人就餐时他们的小手能抓到的食物。他们整天在院子和街上的尘土和垃圾里打滚玩耍，把无数的脏东西带进嘴里。不过，中国人现在还没有微生物的概念，所以并不对此感到不安。

也正是这个原因，在过去的三个月里，我每天早上从居住的城里去书院的路上，都会看到20多个小棺材被抬出来，草草埋掉。每一个粗制滥造、未上油漆、未经刨光的木盒子都表明，又一个小小生命由于愚昧无知和缺乏关爱在地球上消失了。

沿着这条路前行，人们会注意到三座婴儿塔。每座塔顶上有一个格栅，上面通常会放着一些小棺材，等着好心人行"善举"将他们掩埋。偶尔在塔底边的地上能看到一些草席卷，这表明父母太穷了，连一具薄薄的木板棺材也买不起。每一个婴儿塔上都有一个正方形的洞，提供给最贫穷的人处理婴儿尸体。我们只希望塞入这些洞中的都应是已死去的孩子。

　　尽管如此，尽管经历了所有婴幼儿都会经历的伤痛，一旦能蹒跚走步，小家伙就成了家里的重要一员。不管家里已经有多少张嘴等着要吃的，小男孩总是受欢迎的。有时候，即使是小女孩也是受欢迎的。为什么我这里没有说"总是"，而是"有时候"呢？因为常常会出现下列情况：也许家里的老奶奶会认为他们不应该花钱养一个女孩，也许丈夫会因为生下来的不是男孩而大发雷霆，也许家里已经有太多的女孩，等等。因为这些原因，刚出生的女婴不是被扔进水里，就是被放置在冰凉的架子上等死，或者被其他手段夺去小生命。你看，这些中国人认为很小的孩子没有灵魂，这么做没关系。不过，奇怪的是，我常常看见城外婴儿塔旁经常会有中国人在焚香和烧纸钱。我想，可能他们脑子里有时会闪过一丝可怕的念头：万一小孩子有灵魂该怎么办？我们最好还是尽量善待这些小鬼。眼前的这一切与耶稣基督所说的天堂般的理想生活相距多么遥远啊！这些人需要好好学一学基督是怎样看待孩子和孩子的生活的。

　　罗马天主教会为中国的儿童们做了不少好事，比如开办育婴堂，收留并抚养那些被遗弃的幼婴。我最近去参观过一座育婴堂，亲眼看见那些晚上被留在育婴堂门口台阶上、或者白天被亲朋好友送到育婴堂的女婴们在里面快乐成长的情景。就连那些最小的小不点也忙得跟蜜蜂似的，无忧无愁。有些在玩耍，有些在上课，有些在做女红，绣着非常精致的枕套花边。她们穿针引线的小手在阳光的照射下，好像在快乐地跳舞。那些大一点的姑娘们则忙着赶制出嫁时穿的新衣。

有一个非常感人的故事，讲的是一个年轻母亲舍身救下自己刚刚出生的女儿免遭溺杀。在育婴堂里我自己亲耳听见过那小女婴微弱的哭声。

故事发生在离育婴堂约 10 英里的一个村子里。一户人家里诞生了一个新生命，可惜是女儿！新生儿的母亲对她充满爱意，但她的婆婆却非常生气，说什么也不同意把这婴儿养下去。她叫道："什么，又是一个没用的丫头！难道家里吃饭的嘴还不够多吗？"她不停地责骂她那可怜的媳妇，不该把一个女婴带到这个世界上。如果是一名男婴，那就是另一个故事了。随着时间一分一分地过去，婆婆的怒气越来越大，最后竟一把拎起小婴儿，把她扔进一盆冰冷的水里。出于对孩子的爱和对婆婆如此残忍无情的愤怒，那位自己也还是孩子的年轻母亲顿时生出巨大的力量和勇气，快步冲上去把婴儿从水盆里抢出来，把她裹在自己怀里，然后拖着已经虚弱不堪的身子，跌跌撞撞地把孩子送到了育婴堂。

没有人知道这段路她花了多大力气，走了多长时间。当她耗尽最后一丝力气，拍门把看门人叫出来后，便彻彻底底地垮了，然而女婴仍然贴在她胸前，安然无恙。

他们说，女孩没有灵魂，而且连有些女孩自己也这么认为。差不多 9 年前，我和一名年长的传道同工巡回讲道时，

⊙ 留守妇女

进入了一家农庄大院。我们很遗憾地发现，除了一位耳聋眼花的老大爷外，其他男人都到地里干活去了。我们听到一座大粮仓里有人在说笑，便走了进去，看见这家的年轻媳妇们一边忙着织布，一边嘴里说个不停。与我同行的老同工从来不会放过任何机会讲述基督救赎世人的故事。所以，当我被几双大眼睛盯着上下打量时，那位宣教士开始告诉她们，为什么我们会从大老远的镇上跑到这儿来。他说，我们并不是去圣山朝拜的香客，所以我们不会向你们讨钱作盘缠，要饭作口粮。我们也不是来买你们的货物的。虽然我们自己也有东西要卖，但我们要卖的东西绝非金银能买。然后他向她们讲述耶稣基督如何能成为她们的救星，能把她们的灵魂从罪恶中清洗干净。一名年轻女子笑起来，尖声说道："灵魂，我们的！灵魂？天哪，我们只是姑娘家罢了！"

充满笑声的快乐男孩和女孩们！当他们在一起玩耍、堆泥山、踢毽子、玩过家家游戏时，成年人该是多么羡慕他们啊。这点和英国的孩子没什么区别。你要是认识他们，你一定会希望有一个"花园般的城市"，趁他们幼小无邪时把他们带进这个城市，让他们有机会成长为嘴不吐脏话、手脚干净的成年男女。你们可能已经听说过，大城市贫民窟里的孩子是在与生活中的黑暗面天天接触中长大的。这儿的情形也大致一样。他们的小耳朵与小眼睛过于容易、过于迅速地听到脏话、看见劣迹。等他们长大了，也依样画葫芦，模仿他们耳闻目睹的一切。甚至不仅仅模仿。男孩子从小就学着责骂自己的娘，因为当爹的认为这样做能让他"变得更聪明"。可怜的小家伙，他自己根本不知道嘴里吐出来的脏话的意思。另外，他还被教导用各种各样的绰号称呼别人。听见周围的人理所当然地说假话，他也学会了撒谎。难怪他与周围一起长大的男孩子没有什么两样。看着家里其他人偷窃，他也学会了偷东西。事实上，媳妇为了帮娘家而偷婆婆家的东西，这是再普通不过的事了。老婆婆对她的小媳妇的抱怨通常是这样的："她们都是贼，每一个都是。如果我自己的女儿不从她们婆家偷东西来帮我，我们这个家早就毁了。"

从男孩子开始记事起，大人们就教他赌博。我们英国故乡的孩子玩牌赢石子，这儿的男孩却是赢铜板。如果想有钱买糖或花生吃，他宁愿用扔骰子或转赌盘碰运气赢到的钱来买。正因为如此，他长大后玩的任何游戏，不管是划拳、骨牌、还是象棋，都是为了赌钱，也就不足为奇了。

小孩子时，女孩和男孩一样，可以活蹦乱跳地自由玩耍。然而这样的日子很快就过去了，随之而来的是严严格格、循规蹈矩的生活。有一次我走在一条僻静的街上，突然听到小女孩痛苦的尖叫声。我想：一定是被婆婆打了，真可怜！可是当我走近一看，她家的大门敞开着，门道里坐着两名妇人，正在兴致勃勃地聊天。她们中间坐着那个小女孩，因为疼痛难忍，正在大声哭喊。原来她们正在给小女孩缠脚，名义上是遵循妇道，实质上是使她终身残疾。随着布条的每一次紧紧包扎，她的脚趾头都会如压碎般地疼痛。慢慢地她会适应这种痛，学会像踩高跷一样蹒跚而行。但是她活蹦乱跳的童年时光却一去不复返了。她必须学会成为一名妇人。

小男孩也一样，必须学习怎样成为一名男人。不过，因为他远比女孩重要，所以他很小时就学会了怎样在任何事情上自己都要优先。甚至在取名的事情上也体现出男女之间的区别。小女孩可能简称为大妹、二妹或三妹，甚至更为简单。但是小男孩的取名就要费周折得多。下面的故事就是我知道的一个男孩的取名过程。这个男孩出生时，全家人都高兴得不得了，因为他的父母早就想要一个男孩了。现在他降生了，父母知道这是上帝给他们送来的儿子，是他们真心向主祈祷的结果。做父亲的立刻去最近的一家教堂，请那里的牧师给他的小儿子取一个名字。当然，他们想要一个基督徒的名字。于是几名皈依的教徒聚在一起，牧师举行了一个简单的祈祷仪式，向上帝讲述了事情的原委。祈祷了一会儿后，牧师手里拿着一本中文《圣经》，继续祷告说："主啊，请您让《圣经》打开，翻到有使徒或先知的名字那页，以使我们能用那名字给这孩子命名。"果然，他们翻开《圣经》，正好是《马太福音》第二十四章。一读，他们高兴极了，因为那页上不仅有诺亚（Noah）的名字，也有但以理（Daniel）的名字。他们以中国人特有的方式，使这件事得到了最佳处理。他们真心感谢上帝对他们的祈求的回

⊙ 带小女儿出门的方式

应。不过，他们又遇到了新的麻烦。中国男孩的名字通常由三个字组成，第一个必须是姓。所以如果这家人姓包，名字则可以是仁清，或者其他两个字。Noah 在中文里被译成"诺亚"，正好两个字，但他们觉得"诺亚"不容易发音。Daniel 在中文里被译成"但以理"，比两个字多了一个字，不合规范。不过，很快他们中的一人就想出了一个大家都赞成的绝妙主意：去掉第一个字"但"，孩子就取名"以理"。

孩子一生中第一个最重要的日子是满周岁的日子。在那天，他来到这个世上整整一年，但按照中国人的习俗，他应该是两岁，而不是我们所算的一岁。家人会以他的名义备一桌丰盛的宴席，亲朋好友会送给他很多礼物。人们会在他脖子上戴一个大大的银项圈，或者一条项链，带着一把小小银锁链坠，意在把他牢牢锁在世间，不会跑掉（即死掉）。但是更重要的是在他面前摆上砚台、算盘、毛笔、秤、墨锭等物品，然后迫不及待地看他最先伸手抓取哪件物品。如果他抓的是笔、墨锭或纸，那么全家人都会很高兴，因为这表示他今后会走文人学者的仕途。

在这个生日庆典中，宴席是非常重要的一环。每位客人都会送来礼金。扣除宴席花销，主人还会有很多盈余，能使窘迫的家境宽裕不少。

虽然满周岁生日是第一年的重要日子，但是还有另外两天也同样重要。一是孩子的第一次洗澡。这可能视季节不同而异，但通常是出生后的第三天。二是孩子满月时的第一次理发。这时孩子的头会被热水擦遍，柔软的细发会被锋利的剃刀剃掉。

周岁生日过了以后，除了每10年的生日外，其他年的生日都不会再庆祝。除夕夜的年夜饭就是全家人的生日庆典。每逢大生日，也就是每10年的生日时，根据家族的社会地位以及第几个10岁，不同的人家会有不同规模的庆典及宴席。70岁和80岁生日庆典是非常隆重的。摆宴席、放鞭炮、插绸旗，等等，不论贫富，每家人都会在财力允许的范围内欢庆这一天。

过了大约5年无忧无虑的日子后，小男孩就要开始上学了。从中国新近开始的一些教育改革来看，很难准确预料他的未来是什么。旧习俗正在改变，很多延续了上千年的做法不再存在。几年前，他可能读私学或上邻居家的私塾。现在他很可能去上官学，穿着统一的漂亮制服，学微乎其微的对他有用的东西。这主要是因为中国现在虽然引进了新的教育理念，却还没有足够的称职的教师传授各科应该掌握的知识。不过，我们得知道，几百年来，在中国构成教学的重要因素是书本，而不是教师。即使教师没有发挥其真正的作用，但是只要学生有课本，那又有什么关系呢？所以，现在教科学的老师对科学的了解，除了从书上学到的只言片语外，其他一无所知。老师教学只是给学生解释字面意思而已。当然，也有几个基础稍好的，在教会学校念过书，或者留过洋，但他们至多也只是去日本待了 6 个月，吸收了一些西洋人的观点，受到极不平衡的爱国主义教育熏陶，然后就一心想当进步与变革的急先锋。

在大多数情况下，男孩子所受的启蒙教育过程与他的父辈们所经历的基本相同。入学的第一天，他必须在圣人孔子像的牌匾前恭恭敬敬地鞠躬，向如今取代家父位置的教书先生行跪拜礼，呈上装在红包里的礼金（这红包无一例外地都会被收下），在指定的位子上坐下，然后开始加入其他孩子洪亮无比的背书声中。他们背的是中国广为人知、涵盖了众多信息的启蒙读物《三字经》。之所以叫《三字经》，是因为该读物中每句话都是三个字。从"教"的角度看，严格说来，先生并没有真正教什么。学生所做的只是每次认几个字，跟着先生重复几遍，然后大声地反复朗读，直到"烂熟于心"。中国古人认为，人的思维及思想发端于心，而不是脑。

这《三字经》可是非同寻常的一本书。开篇第一句，就是让世人争论不休的关于人性的论断："人之初，性本善；性相近，习相远。"接着就阐述年轻人接受教育的必要性（也许是为了使他们摒弃后天习得的诸多坏毛病，重归性善的本真状态）。

该书其实是诸多常理的抽象和浓缩的表述，如果被有真才实学的老师应用得当，会对训练学生的观察力和思考力很有用处。然而这种教育方式在普通的学堂里没有立足之地。学生们被要求的是学习古人怎么看问题，而不是培养自己的观察思考力。他们必须知道每个字怎么发音。很多孩子能够将全书从头到尾不打一个结巴地读完，甚至倒背如流，却全然不知其意思。比如说这几句：

弟于长，宜先知。

首孝弟，次见闻。

……

三才者，天地人。

三光者，日月星。

三纲者，君臣义。

父子亲，夫妇顺。

全书都是这样的论断，没有解释。比如，介绍数字"四"，只说一年有四季，罗盘有东南西北四个方向。介绍"五"，只说五行（金、木、水、火、土）是万物的起源，五常（仁、义、礼、智、信）是最大的美德（孩子不断地听大人这样说，却很少看到大人这样去做）。与"六"对应的是在中国种植生长的六谷（稻、粱、菽、麦、黍、稷）和六畜（马、牛、羊、鸡、犬、豕）。与"七"对应的是七情，即喜、怒、哀、惧、爱、恶、欲这七种中国人和西方人都共有的情感。然后讲的是八音，或者更确切地说，八种用于制作乐器的材料，即匏瓠（属葫芦类，用于制作匏笙、匏琴等乐器）、土（用烧过的土，比如陶器，制成的乐器，如埙）、革（比如鼓）、木（如木箫，一种沙哑的单簧管）、石、金（如铃）、丝（一种弦乐器）、竹（如笛子）。接下来用九种家族关系解释"九"，即从己身往上数的四族（父、祖、曾祖、高祖），再己身往下数的四族（子、孙、曾孙、玄孙），总共九族。然后用"十义"来解释"十"，即父慈、子孝、夫和、妻顺、兄友、弟恭、朋信、友义、君敬、臣忠。最后强调孩童为什么要学这些东西以及教师应该怎样传授知识："凡训蒙，须讲究。详训诂，明句读。"也就是说，凡是教导刚入学的儿童的老师，必须把每个字都讲清楚，每句话都要解释明白，并且使学童读书时懂得断句。不过，这样的教学方法即使在教书先生的脑子里闪现过，也被他用"明天再说吧"这种理由一推再推。结果，"明日"从来也没有到来过。

接下来的部分简要地规定了学生按顺序应该读的书。首先是圣人孔子和孟子的言论集，然后是截至 1644 年的中国历史。为什么只学到 1644 年呢？因为学校里不允许教授本朝的历史。这与英国的情形大有不同。在当今的英国，一位伟人还未去世，其自传或者他人撰写的生平传记往往已经出现。如果一部法律规定，在他全家人都离世前，不能给他写任何传记，你会对这样的法律作何感想呢？本朝不能写本朝历史的这种

⊙ 在汉口和武昌的传教士（位于中间的是杨格非博士，后排左数第二人是本书作者余恩思）

禁忌就如同人活着不能为其立传一样让人不可思议。

《三字经》最后列举了各种原因，说明孩童为什么应该刻苦学习，以及刻苦学习将带来的种种益处。

除非在教会学校，或者引进了"新学"的中学，学生们必须遵守祖辈们千百年来沿袭下来的读书顺序。《三字经》读完后，他们必须学《百家姓》。这是在中国被用作家庭姓氏的一长串字。在英国，最为类似的东西可能就是姓名簿。我想，你们当中没有多少人会认为死记硬背那样一本书是一大乐事吧！

《百家姓》读完后就要开始读真正的经典了，依次为：《论语》《大学》《中庸》《孟子》《易经》《诗经》《礼记》，以及据称是孔子亲自写就的唯一一部著作——《春秋》。不过，除非这学生志向高远，不惜三番五次参加科举考试以求中举成名，他的求学生涯早在他读完这些书之前就早早终止了。

这就是他的求学生涯：在学校待一两年，这期间能逃学就尽量逃学，在先生的戒尺（或中国学堂可用来打人的任何东西）敲打下，学他必须读的课文，再背熟一两本书。这之后他可能去给人当徒弟学一门手艺，或者在田地里帮家人种庄稼。他上过学，却连一封最短的信都不会写，一本最简单的书都不会读。不过，即使他在学堂的时日不多，过得也不是那么快乐，但一旦迈出学堂，他立即发现，在他所面临的世界里，时间多得难以打发，能得到的报酬却少而又少，而且必需付出多重辛劳才会获得。在生活这所学校里，他必须学会怎样讨价还价以获取最好的交易和最好的（经常是歪曲的）生活。虽然在我们的眼里他还是一个孩子，却已经娶了一个10岁刚出头的媳妇。他就这样长大，变老，孩提时代一去不回。

他的小妹妹也不得不走早已给她安排好的人生道路。很小的时候，她那少而又少的玩具就被收缴，搁置一边。她得学会做很多中老年妇人做的事情，那情景真的是让人很难过。通常，她会被父母卖给一个陌生人家做童养媳，以换取几块银元。在那陌生的家里，她像苦工一样终日劳作。年龄足够大时，主人家的儿子娶她为妻。随着岁月流逝，她将生儿育女，昔日的小媳妇将变成严厉的婆婆，把她小时受到的虐待又实施到她自己的媳妇身上，从中获得威严，甚至得到报复性的快乐。

穿行于中国普通百姓之间，西方旅游者经常会纳闷，欢快活泼的儿童精神到底去哪儿了呢？为什么这些仅仅几年前还是活蹦乱跳的小孩子，如今身上再也见不到欢快的影子？然后，想到他们日复一日单调的生活，他们与疾病和灾难周而复始的抗争，一种无望之感便会涌出来，像阴云一样笼罩在我们心上。对他们来说，没有任何确切的希望，命运时时处处在与他们作对，机会和前途却少而又少，微乎其微。每个人都得以牺牲别人为代价来维持自己的生活。"大鱼吃小鱼，小鱼吃虾米，虾米吃泥土"这句老话，最真实不过地描述了他们的生活。那些大鱼当然是指高高在上的达官富豪们，依次往下，一直到最底层老百姓这些"泥土"。

第七章 玩耍时光

放学后孩子们就该规规矩矩回家了。他们不准蹦跳、不准跑、不准高声喊叫、不准唱歌，等等。这是每学期开学典礼上都要宣读的规则。但就像这片土地上的其他许多规则一样，很少有人会遵守。

他们不能在街上玩耍！所以当小男孩们在一些街边一起玩耍时，你经常会听到他们当中有人突然喊道："老师来啦！"——他贼溜溜的眼睛看到老学究或者传教士从街角走来了。马上所有的游戏就停止了，正在玩的铜钱杂乱地丢在那里，大家都朝最近的安全的房子或者小巷子里跑去。等老师到那里的时候，他可能只看到两三个男孩，彬彬有礼地站在路边，恭恭敬敬地向老师鞠躬，难得将他们天真的脸抬起来看老师。当然老师一般都假装什么也没有看见，除非有其他事情发生。确实，年轻传教士需要知道的首要事情之一，就是对很多事要视而不见，有时候还要充耳不闻。中国小孩儿很爱告状；如果听信他们讲的一切，或者去纠正每件小错，这个找错的

⊙ 庭院秋千

老师就麻烦了。

如果两个小孩争吵，或者两个学生斗嘴，两边最终都会跑到老师那里去，每个人都急着先讲他的故事。你得两个都听，要先问旁观者很多问题再下结论。一般来说，你会发现，指责对方最凶的往往是真正的肇事者。

像在其他国家一样，玩耍也是中国小朋友喜爱的。在凉爽的夏夜，或者阳光明媚的冬日下午，不上学或者没有家务把他们叫走的时候，你常常会看到小孩子在玩。这个时候，教会学校的操场、僻静的小巷、村落的田野里，或者城墙外空旷的大地，都是他们喜欢出没的地方。有时候你会发现他们在扮演士兵或者官吏；有时候扮成用扁担挑着点东西的苦力，竭力模仿苦力边走边吆喝的样子；有时候又假装厨师，在做最好吃的泥饼！经常还可以看到的是模仿婚礼或葬礼，就像耶稣基督在巴勒斯坦小镇市场上看到的小孩子一样。好多游戏都是对成年人工作或生活中的社会职责的模仿。像真正的孩子那样，小杏仁眼睛、黑头发的天使在虚构的城市生活了一段时间。你知道，这个城市是儿童王国的主城。

他们的很多游戏跟世界上其他地方的兄弟姐妹玩的一样：捉迷藏、摔跤、狼捉羊（有时候他们叫"老鹰捉小鸡"）、跳跃、抓俘房，等等。他们在教会学校也学做别的游戏，越来越喜欢更男性化的运动，比如足球、板球、网球、曲棍球和各类田径运动。

⊙ 刘牧师之子于 1907 年 5 月在汉口学院运动会上获撑竿跳高冠军

完全是本土化的游戏数量很多。上文我已经列举了一些纯粹是模仿性的，还有些则是教小孩行动或思考敏捷的。让我来描述后一类中的一种吧。我经常看到各种年龄的孩子都兴致勃勃地参与或旁观这一游戏。

这个游戏叫"道歉"，玩的人个个都努力给自己"留面子"而竭力叫别人"丢面子"。它是这样玩的。20来个男孩围成一圈，面朝中央跪坐下来。然后数数，数出一个男孩，给他一条手绢。他走到圈外，从左向右跑。这个游戏不像别的小孩游戏那样要唱歌，但也很让人兴奋，而且节奏非常快。这个"圈外人"围着圈子跑，努力找到一个大意的人，轻轻地把手绢丢在他的背上或者脚后，毫不停顿地继续跑着。但是小伙伴们很快就发现他手上没有手绢了，便一个个飞快地扭头看自己身后。当然啦，某个孩子立刻就发现白手绢在自己的肩上或者背后。这个孩子立即跳起来，沿着圈外飞跑，不让丢手绢的那个孩子抓住自己。

原来在圈外跑的男孩跑到了空位，跪坐下来，小心翼翼地关注着继承他那条手绢的孩子会玩什么花招。而后者也许已发现某个人或许是心不在焉，或许是太希望别人被抓住而忘记了自己的危险，白手绢像一片羽毛，就轻轻地飘落在了他的身上。奔跑的孩子毫不停顿地跑下去，也没有人朝那个无知无觉的中计者看。直到"圈外人"丢下手绢跑完一圈，轻拍他的后背，这个孩子才醒悟过来。这时大家都冲着他大喊大叫。他走到圈

⊙ 中国的野花

子中间，向大家团团一鞠躬。他的玩伴都还跪坐在地上，开怀大笑。他真的很"丢面子"，变成了"圈外人"，要使出浑身解数，努力去逮住另一个粗心的玩伴。

女孩子也有跟男孩子类似的游戏。她们爱玩的有一个叫"花园"，有时候也被称作"浇花"。一个小姐（由一个女孩扮演）造了个美丽的花园，种了好多漂亮的花（由她的玩伴扮演）。然后她把围裙兜在胸前作水盆状，围着坐成一圈的孩子走，假装浇花，以免太阳把它们晒蔫了。她边走边唱赞美她那"美丽的花"的小曲。浇完花以后，小姐有事要离开，于是叫来小丫环（另一个圈外人），叮嘱她小心看护，别被人偷走了。小姐刚一转身，顽皮的小丫环就"偷走了一枝花"——也就是把她放在角落里。

小姐一回来就发现失窃了。"我的一枝花没了！谁偷的？"她喊道。

"一个男人来偷去了。我去追了，但追不上他。"这是现成的答案。

于是又浇一圈花，又告诉丫环好好看护——这次小姐要去吃饭，于是又有机会偷一支盛开的鲜花了。再次发现丢了花时，丫环又编出一个故事。就这样不断重复，直到花被偷完。顽皮的丫环会编各种各样的故事来解释连续不断的不幸，比如"让鸡吃掉了"，"让猪吞了"。花都被偷走了，小姐放声大哭，生起气来，鞭打丫环。丫环跑了。

⊙ 骑水牛

小姐还在为失去心爱的花伤心地哭泣，街上传来卖花的叫声："谁买我漂亮的花啊？"（是丫环在前面走，身后跟着所有的小女孩，依次牵着前面那个人的裙子。）想着这是将如今空空的花园填满的好时机，小姐出来了，却发现那正是她丢失的花啊！她开始从最末尾一个一个把她们"偷"回来，直到最后一枝花被安全地种回到园子里后，她才走到调皮的丫环面前。

丫环这时还在喊着"买花啊！买美丽的花啊"，完全没有发觉花都没了。当然啦，一顿"假装的鞭挞"随之上演。当一枝又一枝花被偷走、或被再拿回去的时候，小女孩们都咯咯欢笑。游戏结束时则是一片尖叫声，到鞭打顽皮的丫环时便达到高潮。这是一种很好的运动，对心肺、肢体和性情的健康发育都有帮助。

有时候，男生和女生一起玩。我刚走访了一个小村庄回来。在那里我见到一些挺大的女孩子跟几个小男孩一起踢毽子。毽子是由几根羽毛或剪纸跟两三枚用来加重的铜钱绑在一起做成的。踢毽者一只脚着地，转着身子用脚跟、脚趾或脚内侧把毽子踢向空中，在掉地之前又及时地将它踢回去。谁把它踢在空中越久谁就赢。

街上的摊铺里有很多玩具。现在的玩具店里如果没有一般外国厂家生产的最流行的玩具就不算存货丰富。本土的玩具大都质量低劣。不错，它们真的很便宜，但只能哄小孩玩一会儿而已。所以你千万不要以为这里的娃娃母亲就没有可爱的娃娃"多莉"（Dolly）（这里指的是当地的玩具；教会学校自有一盒盒来自故乡的赠礼，通商口岸城市外国玩具的影响日渐明显，洋娃娃当然很多）。有些物品和人物是泥土捏的，涂上鲜艳的颜色，也可以被叫作"娃娃"。但是它们太容易破碎了，玩不了多久，所以成不了小女孩长久依恋的玩物。

几年前我们几人去看一座有名的寺庙，其中有个 6 岁左右的英国小女孩。她当然不愿意去看新鲜而不带上她的娃娃，对吧？坐船就坐了 3 个小时，然后还得走过一座村庄才到寺庙。正是农忙季节，大多数男人都在地里干活，所以围观的人群就大都由妇女和儿童组成了。不过我们平安无事地走过了村庄，到寺庙里转了一圈，看了它所有的宝藏。其中之一是一个岩洞，据说在荒年曾经有稻谷流出来救了饥民。你们知道，老百姓求神，当然希望有求必应，不然就会把寺庙、和尚和神像都砸了。

我们中有些人认为，奇迹是这样发生的：在这个灵洞上面有个小隧道，夜里有人扛来了几袋大米。到了显灵的时候，一个和尚就把米通过漏斗倒出来。不久以后，下了丰沛的雨，农民迎来了好收成。岩洞上刻了这个多年前发生的神奇故事，宣扬着这座庙里的神灵的法力。

看了所有该看的，也爬过了这个圣地的后山，就到了我们该返回的时候。经过那座村子时，又有很多人出来看我们。我不知道他们到底听到了什么古怪的故事，但我一说他们是出来看"小矮人妈妈和她好玩的小娃娃"的，你们就能猜到了。他们从来没有见过洋娃娃，还以为它是活的呢！这使我们的小女孩很紧张，担心她的洋娃娃会有危险。不过粗鲁的村民用手指头碰到了洋娃娃，知道它是陶瓷的，也就罢休了。

各式各样的西洋镜很受年轻人喜爱，就连那些年纪不轻但童心未泯的人也如此。人们经常会看到这样的场景：摊主支着小画匣子，把里面装着的画片儿一张一张地向围在他身边、睁大眼睛张着嘴巴的观众展示。他能随口讲解其中的任何一张画片，本领高强到让人觉得他即使没有吻过爱尔兰"巧言石"[①]，也一定吻过中国的类似石头。至于他不知道的，他的观众中也不会有什么人知道，所以他可以放心地信口开河。（想必我的老师也是从这样的讲故事人那里得来了一些海外奇谈。比如外国家禽和外国人一样古怪，外国的鸡下的蛋是方的，我告诉他真实的情况，他却死也不相信。）

潘趣和朱迪[②]是非常受欢迎的娱乐活动。尽管中国的潘趣不完全像我们的潘趣，朱迪也和我们的不完全一样，不过小狗

---

①　Blarney stone, 位于爱尔兰的布拉尼城堡, 相传吻此石后即善于花言巧语。
②　Punch and Judy, 一种传统的英国滑稽木偶戏。在剧中, 潘趣和朱迪是一对夫妇, 他们俩经常以滑稽方式斗嘴吵闹, 有时甚至互相殴打。

⊙ 一个抱着洋娃娃的幸福"母亲"

托比（Dog Toby）也在那里，脖子上围着褶裥花边，看起来倒是像我们的老朋友。

中国人永远对新鲜和有趣的事兴致勃勃。很小一件事都会招来一群人，并且聚而不散。不久以前在乡下一个村庄，小孩子挤满了小教堂，来做礼拜的大人却没地方坐了。多数小孩已经来了两三小时，我觉得有必要提醒他们，吃晚饭的时间早过了，想看的也都看到了，赶紧回家吧；最后还加了一句："你们看我们一定已经看得很烦了。"

"看烦了？"老教士说，"他们可以看你一整天，然后好像从来没看见过你一样，第二天再来！"

老教士说得很对，他们很能"看"。他们会站在那里看一整天的戏，尽管他们对所看的东西几乎一无所知。

我们已经见证了金钱渗透到了游戏和孩子们的头脑里有多深。有一种玩钱的游戏是这样的：挖两个相隔约 10 英尺的洞，男孩们依次站在一个洞后面，把自己的铜钱投向另一个洞。每个人都投完后，投进洞里或离洞最近的那个人就算赢了，可以把他的拇指戳在铜钱的眼里，手掌划一圈，手指能够到的其他铜钱就都是他的了。

孩子们非常喜欢玩的一种游戏叫"滚铜钱"。每个孩子都用手指夹着一个铜钱，依次从离地约 3 英尺的高度落下去，撞向一块斜放的砖或瓦，滚向远处。大家都丢完各自的铜钱后，滚得最远的男孩就用自己的铜钱去打其他人的。凡是他打中的，就是他赢得的。如果他没打中，各人就拿走各自的铜钱，再开始新的一轮。

所以，中国小孩以这样那样的方式，一年到头都能享受一些美好的时光。即使有时候没有伙伴一起玩，他也有陀螺可以转、有风筝可以飞。后者是每个春夏季节孩子们玩得最兴高采烈的东西，而且还有许多成年人为伴。如果这些他都不喜欢，偏爱独处且有耐心，他会像他的西方兄弟一样，在河边花上许多鱼饵，试图用鱼钩和鱼线钓鱼上来。

等这些小孩子长大了，他们对所有的游戏就似乎都没了兴趣——只有那令人着迷的风筝和盛行不衰的赌博是例外。有趣和天真不再是一对双胞胎姐妹，像童话里那样，主管着人们的娱乐活动。赌博、吸鸦片、上戏院，以及其他活动是成年人的娱乐，所以我们这里就不说了。

随着小女孩越长越大，她们就会越来越多地被关在家里。小姐们得在自己的家里找乐趣，这些人对生活中的是非不太在意。因为她们基本上被摒弃在世界的美丽和生活的快乐之外，如果她们闲暇都用纸牌、骰子、骨牌来赌博，我们既不必奇怪，也不应苛责。如果她们之间有交往聚会，也就是说些家长里短，吸吸大烟，来消磨无聊的时间。

在我们怜悯她们的同时，也为华夏儿女祈祷。成千上万的女孩儿没有受过教育。很少的人能读，更少的人能写。她们中没有几位的母亲得到过教孩子讲真话、做好事的快乐。她们的生活简直就是囚禁，只有偶尔的去寺庙、戏院或者回娘家才能出来。即使出了"监狱"的高墙，她们也是被轿夫抬着，飞快地走过。在遮得严严实实的轿子中，她们看不到外面，外面的人也看不到她们。

第八章　庆典节假

　　我们经常听说中国人的生活就是无休止的辛勤劳作。一个男子从日出做到日落——当然他一天也会抽好多口烟、喝好多壶茶，但毫无疑问都是在匆匆忙忙中进行的。男学生们也同样是幸运（或者不幸）地花很多时间在书本上，一周7天，没有星期六或者星期三的半天假日来缓解一下单调的作息时间。不久前才受教会学校的影响，这个地区的公立学校星期天不上课了。除了很少一些放弃拜佛而转向耶稣做礼拜的店主和商人外，其他的生意人还不知道安息日的意义，照样做生意。偶尔才能看到一家商店关着门，挂一个"今天是礼拜日，不做生意"的通告，大多数买家和卖家照样忙碌。这跟一群穿过繁忙的大街到礼拜堂去做礼拜、并安静地等着牧师来临的场景形成了更鲜明的对比。

　　然而你不要以为中国人日复一日、年复一年、从早到晚地工作，没有假日。中国没有保留圣诞节的假日，也没有像日本一样把新年改得跟我们一样。中国的新年在1月底或2月初，是一年中的大事。新年尚未到来的前几个星期，人人就都在谈论和准备。屋顶、房檐、柱子上、门框上等都挂着鱼、鸭、鸡或切成长条的猪肉，在太阳下晒干。这些美味是为即将到来的节日宴会"预留"的。

在家里人们也很忙碌。在18个省中的大多数地方，这个时候的标语是"除旧迎新"，其中一个意思是一年一度的房屋"大扫除"。在南方，木床会被拆散丢到湖里或运河里，还有桌子、椅子、木桶和其他家具，泡透了再刷洗晒干，装好放回原位。

在这样的时候，人们就会庆幸在这里很少吃生的食物。人们在肮脏的河道边既洗家具、衣服，也洗做饭的稻米和蔬菜，这很寻常。但是，都用同样的水，这样的水！

当然，新年期间他们确实"努力地"打扫卫生。不仅家具要刷洗，所有的东西都要整修一番，即使是踩平的泥土路也比平常要扫得干净。"旧"的灶神已经为"旧"年尽了职，听到和看到了所有发生在厨房里的事，现在要将它从灶头的神位上拿下，涂上一些甜甜黏黏的东西在他嘴唇上（或是让他闭嘴不能乱讲，或是让他只讲家里的"甜蜜"的事），然后把他烧了，送上天去汇报。旧的标语，此时大多都已成了残片断缕，要从门柱上拿下，"门神"则是早已自己从门上走下来了。总之，在亲朋来拜年之前一切都要焕然一新。

在这个盛大的节日里，全城都换上了盛装。每家都换上绚

⊙ 割芦苇者

丽的新门神，贴上用墨汁书写在长条红纸上的对联（家里有丧事则用蓝色的纸）。

上百万的中国人没有房屋只有船，但这并不意味着他们就甘居人后。尽管没有门柱，他们却有桅杆。在桅杆的正面，离甲板几英尺的距离是贴对联的地方。有时候船舵上也有红纸条，上面写着措辞巧妙的吉言颂词。

另一件新年前要准备的要事是做年糕。有一个新年我是住在一个中国牧师家中的，于是有机会看到如何做年糕。接连两天，一个男人都在忙着准备。先把大米放在水里浸泡，泡软后放在小石磨上，用手一把一把地送进去碾碎，成浆水状从两个磨盘之间流到木桶里。当他觉得米浆够了（也就是比这家人能买得起的再略多一点点），就把厨房门卸下来，用相对干净的布擦洗一下做面板。家中的主人、小孩、几个朋友，都来帮忙。事实上这是一种快乐时光，就像我们在家里做圣诞布丁一样！然后就是烧水蒸年糕了。那是在家里的饭锅里做的。锅很像我们的老式铜锅，但是浅多了。年糕放在木模里成型，有的很小，上边有装饰花纹；有的又圆又大。小模子里的年糕是赠送来拜年的客人的，大的会被切成方块，在随后的一段时间里每餐和其他食物一起加热食用。大部分年糕只有红糖的味道（当然，除了因为拼命揉滚而沾上的门的味道之外），另外一些不仅仅有糖，还有一小块肥猪肉，那是给这家人挣面子的。

对我来说，蒸年糕是比后来跟大家一起吃、装着跟其他

⊙ 乡村寺庙

人一样很爱吃的样子更糟糕的一件事。灶火白天黑夜地烧着，直到最后一块年糕蒸好。由于他们仅有的燃料是来自山坡的野草以及一些半干的松枝，烧起来烟味极大。厨房的楼梯通向阁楼上我的房间，此时变成了烟囱，烟味顺道往上跑，让满屋子充满刺鼻的烟味。吃饭、睡觉、写作，或者接待客人，都一样——烟云笼罩，非常刺眼。你可以肯定，等到最后一块年糕蒸好，我的双眼会像繁忙的主妇的脸那样红，会像她疲惫的双臂那么痒。

除夕来临，街上非常混乱。每个人似乎都在忙着收账或者躲债。在我们应该认真反省过去一年发生的事的时候，很多人则是在争吵、诅咒、痛斥，还有很多的拉扯推搡。这样的情况一夜不休，尽管越晚越少。即使晨曦初露，你还是可能看到一些男人颜色憔悴、身心疲惫，脸没洗面没刮，打着灯笼在奔走，"想象"仍然是夜里，希望还能够从一些不幸的借主那里拿回一些钱。

半夜时分，城市进入奇怪的寂静。不久信号爆竹就会发出，呼唤整个大地万炮齐鸣。在噼里啪啦的鞭炮声中，只有在新年的头一两个小时想要睡觉的人才完全明白，在中国的城市中过新年真正意味着什么。随后店铺关门，街上那些忙碌的人也消失了，过新年啦。

到早晨吃早餐的时候，中国人家的主人会发现，家里所有的佣人都穿上了他们最好的衣服在迎候他。管家（佣人的头领）

⊙"吃完啦！"

开始祝贺的仪式——深深地鞠躬，像念魔咒般地喊道："恭喜，恭喜！"也许你没有看到这一小群佣人中的园丁，或者其他某个人。你不需问任何问题。现在，当第一批道贺结束后，你会看到开始所漏掉的人——穿着厨师或者"门童"的衣服，他很显然是没钱或者是把最好的衣服留在了家里。但这有什么关系？他完全不在意去借，别人也乐意借给他。他的"面子保住了"，举止得体地恭贺了主人，所有人都满意。

新年这天不吉利的字比如"死""病"之类绝不能讲，而必须用婉转的字眼。"损失"则是最忌讳的词，如果说了就意味着接下来的一年都会走霉运。一切都必须是喜庆和快乐的。过去必须被遗忘。旧年的不幸必须被埋进旧年的坟墓，至少在新年伊始的几天如此。所有景象中最常看到的是父亲骄傲地领着穿着喜气洋洋、鲜艳漂亮的丝绸或棉布衣服的孩子。甚至做苦力的人也穿上了长衫，每个人都把自己"最好的衣服"穿上。这样一来，当铺就生意兴隆了（顺便说一句，他们不叫当铺老板"大叔"而反过来叫"大娘"，当然，这就像其他的说法一样和我们的相反），尽管常常是衣服"出"，工具或其他东西"进"。

由于债主不再逼债、所有的官府和商铺都关门歇业了，新年在相当平和的气氛中开始。随后开始了变化。假日要持续10到20天，在新年立下的无论什么誓言很快就被遗忘。随处听得见骰子和骨牌声，好像一年的头14天不禁赌似的。因为新的灶王爷在这期间还没有请在神龛里，衙门也关着，道义上的和官府的限制便被置若罔闻了。

然而，尽管缓慢但毫无疑问地，基督教开始占领新年。在很多地区，新年正月是传教士将皈依者、有意寻求真理者聚集在一起开会、查经和一般活动的黄金机会，因为这段时间人们不用下地干活，店铺也没有多少事情。

外来者对这个节日要问的首要问题之一是：为什么他们要放这么多鞭炮啊？不仅在新年，在许多节日、婚礼、葬礼等场合，爆竹声、枪声、锣鼓声也一定能听见。与一些寺庙相关的一个习俗是，在早晨开门前和晚上关门前分别放两个很响的双响炮（一个在地上响，一个在半空爆）。我问一个中国绅士，为什么要这样做，他回答说："就是一个老习惯，没有什么特别的意义。"然而，我指出这种表演在当地有名字，叫"开门炮"和"关门炮"，好像与某种迷信有关。于是他答应帮我去问，然后告诉了我结果。

正像我推断的那样，不仅有，而且还不止一种，都试图解释它的起源。但是正像他说的，现在人们这样做，只因为这是"该做的事"，不再关心它的起源。关于爆竹的起源，大部分人都接受的一个说法是这样的：

很久很久以前，有个好人叫李穆（Li Muh），住在山里。像大多数好人一样，他有很多敌人，这些敌人中有些是他的邻居，他们把邪恶的山神送去骚扰和伤害他。李穆在很长的时间里只能忍受折磨和痛苦，不知道如何消灭那些不受欢迎的来客。有一天，他往空竹筒里装火药，突然灵机一动。他把所有的山神叫到他房前平坦的打谷场，点燃了竹筒。这次神怪们不仅被成功地赶走了，而且特别害怕竹子爆裂的噼啪声，再也不敢回来了。从此以后李穆就太平了。当然自此以后每个地方的中国人都用此计来驱赶折磨他们的鬼怪。

在屋子的大门上贴门神也有类似的起源故事。每个人都知道，这两个威武凶猛、全副武装的勇士守着大门，魔鬼就进不了家门。然而就像爆竹一样，普通人都不关心这种习俗的起源。如果有人问，新年为什么要贴如此丑陋的图画在前门上，得到的回答十有八九是"老习惯"。其实故事是这样的：

在很久以前的唐朝，老皇帝生病了，对此所有的鬼怪都非常高兴。为了阻止他康复，他们每晚成群结队地来骚扰，不让他睡觉。他们整夜整夜不停地扔石头、砖块和别的东西，弄出令人痛苦不堪的噪音。老皇帝忍无可忍，就请卫士想办法制止鬼怪干扰他养病。两个勇敢的卫士自告奋勇，拿着长剑通宵达旦守在他的门外，驱赶鬼怪。这么做很成功，但皇帝不忍心让两个那么勇敢的卫士整夜整夜地不睡觉。他知道鬼怪其实都很傻，便叫人将两个勇士的图像画在板上，放在他们通常所站的位置上。这个计策成功了。鬼怪以为手持武器的人会永远站在那里，就死心了，再也不来骚扰皇帝。皇帝康复了。康复的原

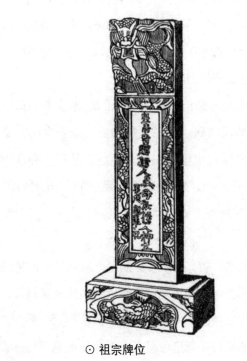

⊙ 祖宗牌位

因很快传遍全国。从此以后，老百姓就沿用此法，让妖魔鬼怪远离他们的居所。这就是为什么除了基督徒的房子以外，每家都用这些丑陋而凶猛的士兵的图像来装饰的原因了。

新年之节在第一个满月，也就是农历正月十五达到高潮。这天晚上，家家户户都点上灯笼，给整个城市披上了节日的盛装。因此正月十五也叫"灯节"。很显然，这是保存下来的与很久以前对月亮的崇拜有关的习俗。

如果我们将每个节日都充分描述的话，这一章就实在太长了。这里就只提一下一年中主要节日的名字，再对重要的稍加解释吧。

新年，灯节（正月十五），清明（农历三月），龙舟节（农历五月初五），乞巧（农历七月初七），中秋节（农历八月初八①），重阳（农历九月初九），最后是冬至（农历十一月）——最短的一天。

新年过后下一个重要的节日是清明节。这是祭祖的一天。各地风俗不同，细节也有所不同。四亿多人在这一天对死去的亡灵祭拜，其意义远不止像美国的阵亡将士纪念日，远不止是向死去的英雄的陵墓献花圈，也远不止是向去世的亲爱之人寄托爱的哀思。在全国各地的家祠里都有供品，后人在祖宗牌位前念念有词，祭祀逝去的先人。牌位不仅仅是一种纪念物，他们坚信死者的灵魂活在那个小小的木牌上。人们

---

① 原文如此，应是八月十五。

⊙ 一座猪坟

向亡灵献上供品，跟它说话。因此祭祀远不只是为纪念祖先而向他们致敬的行动。这是对亡灵的敬拜。他们也会去上坟。这一天到处都能看到一群群去扫墓的人。他们在土坟堆或者富人精心打造的墓旁放着供品，燃着香，点着蜡烛；到处都能听到哀悼者唱着丧歌呼唤去了另一个世界的亲人们。

祖先崇拜，加上相信轮回（就是说一个人死去后，可能重生为较低等级的动物），导致一些很奇怪的迷信。有一种说法是，有五个脚趾的动物总是被当作圣物，不能像平常那样杀来吃。本页的照片"一座猪坟"，很有意思。一头猪如果来到世上，被发现有个多余的脚趾，或者像中国人说的那样"有5个爪"，就足以向主人证明，这头猪前世是人，所以才有5个脚趾。很自然的想法就是，"他是某人的祖先！会不会是我的祖先转世呢？"这个人无法证明这一点，所以他宁肯往安全的方面去想，把这头猪当成神来拜。我听说在汉阳有座寺庙，侍候着很多这样的"怪物"。这头特别的猪死了，会被像人一样放进棺材里，还有个像样的葬礼。此后有悲痛的人会来向他们的"祖先"祭拜，请求保佑。也许家里有人生病或者有不幸发生，迫切需要康复或者帮助。如果去猪的坟上磕头烧香以后，病人好转或者麻烦没有了，感恩的祭拜者会给这头猪送一块"匾"，也就是感谢的牌子。牌子上写的大字也许可以翻译成"有求必应"。

在这个国家，你叫某人为"猪"，会令人不堪忍受；但就是

⊙ 舞龙队

这样的动物却被当成神来供奉，这多奇怪啊！

中国学者告诉我们，毫无疑问，现在的祖宗崇拜跟孔夫子教导的"敬祖"完全不一样。的确，我们知道，中国的大圣人根本不知道他的父亲埋在哪里，所以也不可能到他的坟上去祭拜。远古时期敬祖既没有祷词也没有祭品。如果现在还是这样，传教士就不会反对祖宗崇拜了。由于现在的风俗和信仰与这种崇拜相关，基督徒就不能支持。尽管所有人对死者的纪念都是神圣的，但没有人应该接受恐惧、错误的恐惧、错误的崇拜。祖先崇拜是中华民族脖子上的枷锁。

农历九月初九，是进一步对祖先的祭拜，在坟上摆供。

下一个节日，就顺序和重要性来说，都应该是"龙舟节"。它由两部分组成，一部分所有的人都积极参与，另一部分重活由年轻人干，大多数人则是热情的看客。第一部分主要是正午时分在水边收集菖蒲，浸制成药酒，饮用以去夏天的疾疫。第二部分则是节日命名的由来——赛龙舟，一种划船比赛。来中国旅行的人经常见到。它由来已久，但缘起却早已经被人们遗忘了。

故事是这样的。在很早以前，有个中国皇帝不喜欢他忠心耿耿的老师——一个老百姓喜欢的官员。他把老师放逐到一个边远的乡村。可怜的老人心碎了。他既不能离开他热爱的故土，又不能接受对他不当处罚的耻辱，于是投河自尽。百姓看到这一幕，急忙撑船尽力去救他，每个人都想成为第一

⊙ 挑麦回家的小收麦人

个救他的人。老天啊！太迟了！他们赶到时，屈原（那是他的名字）已经沉到河底，再也起不来了。自那以后，每年在他的忌日，农历五月初五，人们就会争相划船去那里找他的尸体。这就是"龙舟节"的由来。那时候他们用平常的小船；现在的船当然又大又华丽，划船人更是精力充沛的男人。

这样的节日里大家都异常兴奋，有很多事故和骚乱发生，以至于官员们每年都要发布告，禁止这种比赛。但是老百姓有自己的办法，布告只有它通常的"面子价值"；也就是说，如果无视禁令而出了麻烦，它可以给官员们留"面子"。

按照通常的规矩，与节日相关的比赛、宴席和求神拜佛的资金会从每个社区的每户人家募集。这个时候，基督徒常常会受到一些小迫害。这些迫害有时候真的是因为基督徒不支持总是以寺庙（偶像崇拜也在那里举行）为中心这些习俗，因此他的房被捣毁、或人被殴打。有时候真正的原因并不是基督徒没有交这一特殊的税，而是有人借此机会来报旧仇。他们一拥而上，向这个胆敢反对"老规矩"的人讨还他在知道基督或基督教以前的某天对别人造成的伤害。

农历七月、八月和十一月的节日是更早的时期对天体崇拜的产物。七月拜织女星，也就是天琴星座上的一颗星。当然有一个织女的故事，说她是如何如何回到了天上的家的。但是故事太长，不能加在本来已经够长的这章里了。

在收获季节的农历八月是拜月。供品会摊放在屋顶、房里和别的合适的地方，献给冉冉上升的月亮。同时整个城市都可以看到大灯笼挂在柱子上。然后是农历十一月拜太阳。这一天太阳开始回归南方，此后夜晚变短、白天变长，因此是一个非常合适的节日。这些节日的缘起不管为何，早就被中国的普通老百姓忘掉了，现在的庆贺由大吃大喝、放鞭炮和去寺庙求神拜佛组成。

第九章　快乐一天

　　到现在你一定已经发现，饮宴在中国是艺术之一，在每一个重要场合总是不可或缺并显而易见。就像圣诞节哪能没有圣诞大餐一样，一天的欢庆结束了却没有叫朋友来分享盛宴怎么能是中国人呢！男婴出生那天——宴请。平安地"走完一个周期"，即度过第一年——宴请。第一天上学——宴请。跟小女孩订婚——宴请。随后的人生中，举行婚礼那天——宴请。他的小孩喜降人世——宴请。争执或法律纠纷和解了——宴请。新开一家店铺——宴请。借了钱来还债——宴请。买了块地——宴请。在每一个重要的人生转折点——宴请。最后，他走完了人生旅程——躺在棺材里了——宴请。几周或者几年以后，选了个黄道节日来埋葬他——还是宴请。所有上面这些宴请都多于我们前面已经读到过的节日宴请。

　　早在这章之前你就可能得出了结论，中国人的日常生活太枯燥乏味了，所以当他能够跟朋友高兴地聚一聚时，你不会嫉妒吧。至少你不会犹豫让他们一起"同喜"，也就是举办婚

⊙ 新娘新郎

宴。在这样的日子里我们唯一遗憾的是，他常常会在庆典上花掉大大超过他力所能及的费用。

然而，在婚宴来到之前，父母和这对年轻人要走过一段又长又曲折的路。由于这一切对之前没有读过类似文章的人来说会很陌生，跟"我们的方式"不一样，也即"不是最佳的做事方法"，我应该先给你讲个故事。

有一天，和一个友好的中国学者谈论当地的婚俗，他问了我下列问题——

"在贵国如果要结婚的话，年轻男子要向年轻女子求婚，这是真的吗？"

"是的，青年男子向他心仪的姑娘求婚是很普遍的习俗。"

"这是多么难堪的事啊！为什么呢？如果姑娘对他说'不'，那怎么办呢？"

"如果姑娘完全不愿意跟他结婚，他会意识到'不'意味着他不必再关注她了，也许换一个人他就可以成功。"

"太难堪了！太难堪了！这完全没有面子。怎么能让一位绅士如此丢脸？"

当然我做了很多解释，帮助他更好地理解英国的情况。但是骄傲的儒家学者只可能以中国人的方式来看待求婚。对他来说，被"拒绝"是绝对不能忍受的事。的确，经常有报道说，某个中国官员在每一个可能的场合都明显表露出极其不喜欢外国人，主要原因就是他在国外求学期间被年轻女孩拒绝过。

"但是，你们英国人为什么不雇个'媒人'呢？"我的朋友继续问，"那样事就好办了。"

"谁来做这个'媒人'呢？他跟这有什么关系？"你会问。

一般是这样的。一个还在成长的男孩子，出生前或者婴儿期没有定下新娘，家里的朋友就会跟他父母说："某某家有个什么样的女孩，我认为很适合你的孩子，要让我看看可以安排给他们订婚吗？"如果父母满意这个提议，"媒人"就开始行动了（我们姑且叫这个人"他"，尽管妇女经常充当这样的角色）。当然啦，他不能随便到一家、随意挑选一个他认为会讨男孩父母喜欢的女孩。有几个重要的规矩得记在心头。下面让我来告诉你做媒的一些规矩吧。

女孩的姓不能跟男孩一样。中国现在的姓氏数量不算多，于是常常会有困难。例如，有成千上万的人姓李、姓王或姓陈。即使姓李的两个年轻人完全不相关，并且来自不同的省份，只要同姓，仍然不能结婚。就在最近，我听说有这样一伙盗贼，占着一个固若金汤的山寨，常常袭击平原上的村子，绑架人质，索要赎金，随处烧杀掳掠。现在一切都改变了。这伙人跟政府的军队对抗了几十年，摇身一变成了和平和守法的臣民。怎么会这样呢？并不是刀剑或者枪炮使他们安静了。他们弃暗投明的主要原因是儿子们长大了，而同伙中却只有几个姓，不得不下山找老婆。于是，他们慢慢地跟周围的人有了关系，而很多的人也知道了他们的秘密通道，老的生活方式就逐渐被放弃了。就这一事例而言，同姓不婚的规矩保佑了大家。

未来的新郎结婚以前是不应该看到新娘花容的。所以新娘不应该（跟他）是同村或同镇的，否则就会非常不方便。

女孩的家离男方家太远也不好，因为那样她就不能回娘家了。如果她的丈夫对她不好，很粗暴，娘家又太远，就没有亲戚可以带她离开，给坏丈夫一个惩罚。

也许你听说过这块土地上的孩子都有"属相"。我们英国以前也有同样的习俗，相信孩子有星座。即使现在，我们也用谚语"生来就吉星高照"来形容一个成功人士；如果他一生一事无成，就说相反的话。在中国，小孩和一种特定的动物相关。也就是说，每一年有一种动物为代表，比如在龙年出生的孩子就"属龙"。有些动物是"相克的"，所以如果他属"龙"，她属"虎"，就决不能婚配。

媒人要做的第一件事，就是把他们的"八字"写下。写字的人拿出他的毛笔、砚台、墨锭；倒点水在砚台里，磨好墨，将毛笔在砚池里浸泡后在砚堂上抿笔，使之又圆又尖，然后小心地将女孩出生的年、月、日、时写在一小片棉纸上；又以同样的方式写下男孩的。每个时间都由两个字组成，这样每张纸上就有八个字。把男孩的八字送给女孩的父母，女孩的送给男孩的父母。这个仪式就叫"交换八字"。

各地的风俗在细节上可能有所不同，每一个村子也许都有

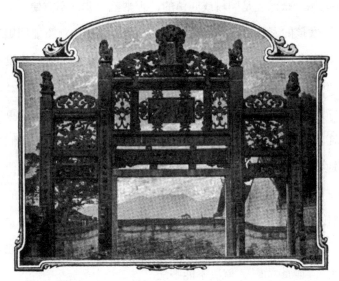

⊙ 贞节牌坊

一些自己的小特色，但有的地方也许整个风俗都很不一样。不过据我所知，看"八字"是否相合的大体方法是这样的：男孩的父母接到女孩的八字后，把它放在祖先画像前的供桌上，焚上香，祈求祖先神灵对这件事做出决断。八字要留在那里大约三天，由主事的人仔细观察。如果这段时间家里发生了任何不幸的事，比如疾病、死亡、打碎了瓷器，等等，那便是神灵不赞成的表示，婚配之议就作罢了。

如果这一番严峻的考验顺利通过了，算命先生会被请来，再次确认这桩经过慎重考虑的婚事是否合适。中国不缺算命先生，你只要一上街就会遇到不少这样的"绅士"。这就是他们——坐在一张小桌旁，带着一小卷"天定之命"，或者是准备测你选择的字，告诉你这个字预言了你将有什么样的命。最近我就碰到过这样一位算命先生。他把卜桌摆在城墙一角，做那些来城里赶集的乡下人的"快钱"生意。也难怪人们相信他，他头上悬的广告是个布幌，上写"料事如神"。事实上，他彻头彻尾是一个普通人，既罔顾事实又不计后果。

如果算命先生对这桩婚事没说什么坏话（如果钱给足了，他会说得天花乱坠），媒人就能开始他的精妙工作了。到目前为止所做的还只是前期的准备，真正艰难的工作还在后头。他先得给新娘定价。父母要多少钱来办她的嫁妆？（中国人把它说成"买新娘"，很多来自我们国家的人按西方人的理解，会说这是"卖身为奴"。无论我们怎么看，新郎父母给的钱中如果不是全部、也有绝大部分就是办嫁妆或者办婚礼的钱）。在安排彩礼这件事上媒人非常有用。他应当知道新郎这方到底能给多少钱，也知道另一方要的底价。他的工作就是让供求平衡，并从中留给自己足够的佣金或酬劳。

这些都安排好了以后就开始交换礼物：给女孩戒指、手镯、耳环、簪子，给男孩一匹缎子或布料。聘礼一下，婚约就算成了，悔约就会丢极大的面子、损失巨大的金钱。

在中国的传教士可以告诉你很多悲哀的故事。一无是处的流氓娶了在教会学校受过良好教育、教养高雅的女子，就因为在幼年时就订了婚。现在与其给父母丢脸，不如让女子用自己的一生去殉道。又或是一个很优秀的男子，不得不因为欠考虑的父母用便宜的价钱买到了一个傻姑娘，就跟这个人相处。他尽力把她送到教会学校去受训练，但这个本应成为帮手的人却成了整天拖后腿的绊脚石。有时候传教士能够解救其中之一脱离苦海。有这样一个例子。一个小女孩由于寒冷和疏于照顾失去了双脚，被送到医院治疗，也就是给她做了合适的截肢手术，小心地包裹起来直到残肢愈合。后来她上了学，被证明是个天资聪颖又勤奋的学生。我刚刚读到一份文件，讲到她解除了本可能带给她一生不幸的婚约。男方和他的父母声明断绝与她的关系，完全把她交给教会。在教会学校，她会找到自己心仪的生活，自己喜爱又胜任的工作，成为照看学校的传教士的好帮手。

　　但你们可能会问：这不只是其中之一吗？还有成百上千个没有得到自由的人呢？那里的确有很多这样可怜的人。我在写这些的时候就想着其中的一个。她在教会学校待了几年，最终成为学校的教师。她是个聪明伶俐、书也读得好的女孩。她本可以成为中国牧师能干又贤惠的妻子，现在却以做针线活帮助赌徒丈夫补贴家用。残忍的丈夫把她的生活变得苦不堪言。

　　订婚在一生中很早就安排好了，而婚礼常常在多年以后才举行。如果这期间准新郎发生了不幸，那就是一场灾难，因为这一家的香火断了，尤其如果他是长子的话。对于女孩来说这也是不幸的，尽管她的境况绝不比可怜的印度未成年寡妇更差，因为中国女孩最终总是可能跟别人结婚的。不过，也有女孩坚决要终身守寡的。必须提及一个很奇怪的习俗：有时候女孩会选择跟她的未婚夫的魂灵结婚。新娘拿着祖宗牌位举行婚礼，因为他们认为过世的新郎之魂也附在牌位上。

　　上海的包克私（E. Box）牧师讲过一个这样的"冥婚"故事。有一个准新娘在很年轻的时候就死了。跟她订婚的穷学生后来中了他那届考试的状元，成了梦寐以求的"翰林"。一个家庭里有人做了翰林是一件无比荣耀的事。尽管小女孩已经死了好多年，尽管年轻人跟她成婚就会成为这户人家的户主，女孩的父亲还是认为这是个难得的光宗耀祖的机会。有个翰林女婿值得做出某种牺牲，所以他提议给年轻人一笔钱，

⊙ 如画的中国农舍

让后者跟死去的女孩的魂灵成亲。像很多文人一样，年轻人家境贫寒，高兴地答应成婚。于是他们举办了盛大的婚礼，每件事都安排得跟真正的婚礼一样。成礼以后，女孩的棺材移到年轻翰林家的墓地落葬，他呢也就成了富人的女婿。事实上作为新郎的他，在婚礼的过程中一直身在数百里之外的北京。但是即便他真的在婚礼上现身，那也仅仅是"精神上"与女孩的魂灵结婚而已。从中国人的观点来看，这一切都合情合理。主要是各方都皆大欢喜。新郎拿到了他急需的金钱，女方家里获得了渴望的荣耀。

正如你可能猜测到的，婚礼的日子不是由新娘来定的，而是由新郎的家人为这对新人安排的。这之前一段时间都很忙乱，最要紧的事是筹备。这对于双方的家庭来说都是既费时间又花金钱的。比如要做衣服、绣缎鞋啦！比如广发一英尺长、五英寸宽的大红婚宴请柬啦。还比如要雇人将家里装饰一番，更不用说还要准备迎新娘的花轿啦。我们不能再一一细述了。总而言之，那一天到来时，按中国人的标准，使那天成为大喜之日的万事都具备了。

新娘的衣服和陪嫁事前已经送到了新郎家中。她的箱子的钥匙交到了新郎手中，作为他在家中的权力在新娘之上的象征。新娘坐的花轿送到他家，客人和新郎都坐等她的到来。

不要以为年轻夫妇会在父母居住的城镇里的不同地方有一所新房。中国人认为那样做是完全不对的。成家通常只意味着分隔出房间来给新人使用，吃饭和其他家事安排还是与家里其他人在一起。就家里的秩序而言，唯一不同的是儿子得到一个妻子，婆婆则得到一个新佣人。媳妇的日子常常不好过。婆婆曾经是媳妇，记得很清楚早年婚姻生活的磨难。现在当年的媳妇熬成了婆，家里大都由她说了算。

由于中国妇女的暴躁性情，年轻姑娘就受罪了。她还没有学会自我控制或忍辱负重。只要父母对子女有生杀大权，她就无处可以申诉。事情就是这样。

但是现在旧中国有了一种新力量在起作用。促使大清帝国旧观念改变的一个巨大因素是报纸。尽管现在本土媒体既不诚实也不可靠，还是向公众揭示了许许多多的黑暗。当本土媒体像在其他文明国家的一样拥有更大力量的时候，社会正义就会被迫帮助弱者来反抗强暴了。

在婚礼的前一天，新娘家里忙碌地为送她出门做准备。新娘自己此时则已几乎绝食两三天了，什么都难以下咽。所有这些假定都是因为要离开娘家而悲伤的缘故。她拒绝或者假装拒绝穿上嫁衣，一想起要离开父母就涕泪横流。这样的结果使她变得弱不禁风，在婚礼上几乎都站不起来。由此看来，她当然要有一个"祖母"扶持，也就是一个老妇人来做她的伴娘。然而，所有的人都认为她不能自己站立是理所当然的事，毫不在意新娘可能由于长时间关在密闭的轿子里，到了此时已几近昏厥。

不过到了要出门的时候，新娘一定准备好了。她脸上的脂粉涂得看不出原来的肤色。黄皮肤消失了，她现在看上去像神话故事里的白雪公主，有着洁白无瑕的脸颊，宝石红的嘴唇，乌木那样黑的秀发。

她的打扮中有趣的是前额上所有的绒毛都得去掉。女孩的刘海永远消失了，取而代之的是平滑的主妇似的前额。所有的长发都梳到后面，平整地垂下。不过现在这个习俗在改变，也有已婚的妇女留刘海的。

一切都准备妥当之后，租来的大红霞帔穿在新娘身上，锦绣灿烂，凤冠戴在头上，珠链垂下遮住她美丽的脸庞，再盖上一个红的绸盖头。这个盖头要等她正式跟那个年轻男子成礼后在洞房内由新郎掀开。最后，在一群唱着哭嫁歌的人簇拥下，她被扶进花轿里，由轿夫抬到等待她的新郎那里。

在黄道吉日，你会见到好些迎亲的队伍。视新郎家的富裕程度和社会地位而定，有的长而壮观，有的则没那么奢华，在平原上从一个村缓缓走到另一个村。就在最近，在一条短短的 10 英里的路上，我数了数，就有 10 支这样的迎亲队伍。

花轿通常在傍晚到达目的地。它被直接抬进大门，铺下长条地毯后，花轿落地，年轻的新娘走出轿来，步入大厅。

如果年轻人是基督徒，婚礼此时就开始。面对主，一对新人互相宣誓，接受基督对他们婚姻的祝福。我有时就在大厅里给他们证婚。在这一点上各地的风俗也许不同。因为西式

风俗大都被中国人效仿，在很多地方交换戒指成了时尚。其
实他们自己的风俗既美丽又意味深长。端来两个杯子，用两
三英尺长的红绸拴住，倒上酒，一杯先端给新郎，让他抿一
口后收回，另一杯端给新娘，让她也像新郎一样抿一口后收
回。然后是混酒仪式，将新娘酒杯里的酒倒进新郎的酒杯，表
示新娘融入新郎的身心，夫妻一体。随后两人轮流喝这杯酒，
新郎先喝。

如果诸事顺遂，情况就是这样。但是有时候新娘姗姗来迟，
新郎家里的等待漫长而无聊，令人心急火燎。上个月我出席了
一个婚宴。等了很长时间新娘都没有出现。众人的耐心被耗尽，
婚礼后让大家享用的大餐也有腐烂变质的危险。很显然，新娘
那边出了事故，耽误了她的到来。怎么办呢？主人，也就是新
郎的父亲发话了："开席！"于是片刻之间，八仙桌排开了。为
新人做过祈祷，宴席就开始了。我们一定吃了有一个多小时，
也许近两小时吧，边吃边谈论依次上来、陈放在桌子中央的美
味佳肴。每个人都吃得津津有味，但我无法用笔墨来形容它们。
吃完后新娘还是没有到。最后，我们不得不告辞，并向主人致
意，希望抬着贵人的花轿很快就会到。他们回答说，不会有什
么大事的，只是普通的耽误。

什么是"普通的耽误"呢？在上面这个例子里，也许是载
新娘的船遇到了逆风，被拦在了城门之外；也许是抬她的无
赖多次停下来要加钱，尽管价钱早就谈妥了。有时候他们会

把花轿停在离大厅很远的地方，不加钱就不给抬进门。他们有恃无恐，知道主人不愿意在这件事上丢脸而接受敲诈。

仪式完毕，新娘就得接受第一个严峻的考验了。一个胆怯、羞涩的陌生人，身处一个陌生的屋子里，孤立无援，却得通过一个残酷的习俗，叫"逗新娘"。自始至终，无论人们对她说什么或者说她什么，她都必须闭着眼睛（允许她这样做算是很慈悲了），还不能怒形于色。在这种场合，那些人肆无忌惮，无所不言，但她既不敢回嘴也不敢争辩。

我们且把她留在那儿吧，静静地坐在床沿上；祝愿她婚后的生活，依照中国的标准，幸福美满。

写到这里，一个完全不同的场景出现在我的记忆里。我看到一个幸福的新娘，举行了基督教婚礼，得到朋友和邻居的祝福。的确，也同样会有"逗新娘"的活动，但完全没有粗野的玩笑。就像在快乐的英格兰做新娘一样，一切的一切对她都意味着欢乐和幸福。她是个在教会学校里长大的女孩，现在跟一个忠厚的中国教徒结婚了。婚礼上簇拥在她身边的是她的同学，既因为她的离去而泪眼婆娑，又竭尽全力让她的婚礼喜气洋洋，终生难忘。愿所有的婚礼都得到主的祝福，因为他赐予欢乐而不是增加痛苦。

⊙ "来看传教士啊!"

第十章 医生病人

1899 年春一个晴朗的早晨，有个中国宣教士来到我这里，给我讲了一个很长的故事。有这么一个男子，尽管只参加过几次礼拜，有一天早晨在宣教士家里做祈祷，却突然对经文豁然贯通了。像百分之九十九的传教士一样，我一边听故事，一边坐在那儿疑惑，这种"幡然悔悟"式的皈依是不是真实的？是什么动机让他在向耶稣忏悔后立刻就改变信仰的？他会不会像许许多多的其他人一样，面对考验的时候就会原形毕露呢？

几天之后严峻的时刻到了。如果他愿意包揽几件不怎么地道的官司，就可以得到不菲的报酬，而他那时正好身无分文。他毫不犹豫地拒绝了，说："两星期以前我巴不得有这个机会，但我现在是得救了的人，尽管缺钱也不能沾这种赃钱。"

我也见过这位吴先生，跟他交谈之后知道了他的一些经历，对他的真诚和善良很有印象。他曾经做了 40 年鸦片烟的奴隶，不久前还得抽很多才能过足他的瘾，一生就被这个坏习惯给毁了。房子一点点地拆卖了，小孩也卖了不止一个。正当他又到了山穷水尽、要去用唯一的儿子换鸦片时，有一天他鬼使神差般走进一间有个男人在布道的房子。

多年来他一直跟衙门关系密切，一度是拿人钱财、帮人消灾的重要人物。这是中国法律体系中常见的现象。然而"迷人"的罂粟汁越来越多地消减了他的精力和良心，到最后他虽然还被认为是个能人，但是只有最见不得人的衙门勾当才会找他了。

20年以前，他出门在外，遇到一个人告诉他，有个神"无偿宽恕罪过"，鼓励他向这个神祷告。吴先生对福音一无所知，但还是决定向这个不认识的神祷告，而且持续了很长时间。令他喜出望外的是，进入小教堂后，他听到宣教士正在讲到那个神，那个有无限慈悲来宽恕、有一切力量来拯救世人的上帝。

这个穷困潦倒的鸦片烟鬼吴先生情不自禁地喊道："他能帮我戒烟吗？"

"能，"宣教士毫不迟疑地回答，"如果你全心全意信他，他不仅能让你戒烟，也能解脱你的其他罪过。"

"我信：我一定会信他，"他回答道。吴先生从此开始努力振作，以求新生。

这一新生的对上帝的信仰给了他力量，使他忍受住了戒除鸦片所伴随的肉体和精神上的极大痛苦，成了一个幸福的人。没过多久，他送给了我他那管不再使用、浸透着魔鬼气味的鸦片烟枪，作为上帝救赎能力的见证。

尽管一贫如洗弱不禁风，吴先生还是开始学习经文和基督教义。在此期间，和他几乎一样贫穷的基督徒照料了他的生活，乐意让他分享少得可怜的食物。

过了一阵他恢复了力量。他耻于依赖别人，决心自食其力。左思右想，他发觉眼前只有一条路——做一种无本生意，因为他既无房子开店也无本钱经商。种种建议筛选一遍，只剩一件似乎可行：做医生。有人来问我，我马上反对，因为他没有接受过任何训练。"啊，那有什么关系！他中国书读得好着呢，治什么病的药方都能够找到的。"对这样毋庸置疑的回答我还能再说什么？我唯一还可以问的是："这事我还能帮点什么忙？"得到的回答显示，一切都深思熟虑过了。"吴先生有医书，有一副眼镜（大大的，也是戴玳瑁边的），不过没有褂子，没有袍子，也没有体面的帽子。牧师有办法帮助他吗？"

这一套行头牧师正好都有，问话的基督徒心里很清楚。第二天再看吴先生，衣冠楚楚，开始了行医生涯。他做得挺好，成了一个传教医生，改变了很多处于他过去那种境地的人——绝望的烟鬼。

现在我相信你明白我讲这个故事的意义了。它告诉读者中国人变成医生的一条捷径。在这片土地上，你真的可以说"医生是天生的"，而不是通过大学教育或者医院"造就的"。所以，不用说，"江湖郎中"遍地都是。每个医学传教士都看过很多可怜的女病人，她们倾其所有，遍访名医，经受了多种折磨后，身体变得更加糟糕而不是更好了。

中国医生对于外科手术的了解，如果可以说是知道的话，也非常少，对消毒处理则绝对是一无所知。有一个完全称职的中国医生，在被认可的学院受过良好的教育。跟我谈起他们国家的需求时，告诉了我下面这件事。有一天，人们送来一个有条烂腿的男人，护士在医生做检查之前先给他的腿做清洗处理。脓肿上面覆盖着厚厚的、黑乎乎的东西，去掉之后，露出来一截铜管，牢牢地嵌入腿里，开口朝着两端。问过病人，他们才知道，病人一开始是有个很小的脓肿在腿上，去看了当地的医生。那个家伙一定是听说过西式疗法了，所以用了一把（恐怕是）脏的刀片切开伤口，装了一节铜管来引流，结果自然可以想象，最终这个病人失去了整条腿。

中国人熟知各种药物的用处。这些药物，再加上许多奇奇怪怪、儿童不宜知道的东西，就是中国医生的全部治疗器材了。他们的治疗方法，有的很好笑，有的很可怕。下面是几天前从报上看到的一则新闻。

奇　药

中国绅士某，据闻为本地县官之弟，告店主某出售不宜食用之饼一案，昨日在（上海）会审公堂开审。该饼经呈堂验视，乃由多种昆虫构成，含蟑螂数只、蜈蚣二三、甲壳虫一。

原告之仆作证买饼属实。被告承认售饼，并诚恳道歉；然声辩事出有因，并非故意。该饼乃是他自备之药，伙计大意，误售他人云云！

这个故事非常可能是真的，因为蜈蚣常常用来作药。我的男仆上周在楼梯上抓到一只。我对他说："你最好把它晒干了给我吧。"他笑着回答："为什么给你啊？我能在药店换10文钱呢。"

每一个有小药铺的人都是"医生"，但并不是每一个医生都有药铺。他也许有几味药，但一般习惯是病人从医生那里买处方，然后去药铺抓药。一剂中药通常分量很大。

你应该很容易理解，传教医生几乎从一开始就深受许多中国家庭的欢迎。当然了，他们也不得不忍受各种可怕的造谣污蔑。自身就沉迷于各种残忍酷刑的人，很容易相信外国人真的是来抓小孩，挖他们的眼睛，掏他们的心肝，然后做药来治自己的病的。

我们嘲笑它的荒谬。但这样的谣言却很容易就被这个民族接受。这种现象证明，有些传教士在这片土地上被残害致死的原因，常常就是这种不可预料的、突然而起的狂热。有个年轻人和他的母亲为一些鸡毛蒜皮的事发生了争执。双方都失去了理智，破口大骂对方，这无疑是火上浇油。最后，儿子动手打了母亲，按照中国的律法这是要处死的。怒气冲天的母亲到村里的茶馆向当地的一个恶棍哭诉，而后者正好跟这个年轻人有旧仇。出以义愤，他对这种不孝行为大声斥责："罪恶的坏蛋！烧死他！烧死他！"在狂怒之中的母亲认可了这一呼吁。一个旁观者买了10文钱的煤油，全村的人都被煽动起来去抓这个不幸的年轻人。他被抓来后绑在一棵树上。他并没有意识到事情的严重性，居然还向众人挑衅。于是煤油就泼到了年轻人身上，一根火柴递到了母亲的手里。她打着了火，刚要伸手去点儿子身上浇了油的衣服，马上醒过神来，把火柴扔了。在她罢手的混乱之中，还是有人点着了这个年轻人。几分钟之内一切就完了。随后，围着尸体堆起了柴火，能消灭的都消灭了，剩下的只有手和脚，以及专门留着喂狗的。①

　　由于狂热的情绪很容易被激发、盲目地被追随，所以不难理解，很多暴乱都是由微不足道的事而引发的。有很长一段时间，传教医生的道路，如果不是说危险的话，也是困难重重。但是现在，体现在这些克己忘我的男女身上的爱已经征服了人心。人们把自己最亲爱的人交到传教医生手上，因为他们知道，为了救治他们的病，传教医生会全心全意、竭尽所能。

　　我忘不了一个穷老汉有一次来医院的情景。他背上背着个小男孩。那是个炎热的夏天，父亲几乎筋疲力尽，但当他终于进了候诊室时，脸上出现了希望的笑容。传教士仔细地检查了男孩，对他的状况难过得快要掉泪，不得不尽量温和地告

_____
① 事见1907年3月18日《字林西报》。——原注

诉做父亲的，他无能为力。孩子得的是不治之症，又已到了晚期，没办法了。可怜的人！他一直对外国人的能力崇拜得无以复加，以至于心中所见的困难只是如何把生病的孩子送到，至于那个病是否能够治愈则毫无疑问。他痛苦地抽泣一会儿，然后勇敢地含着泪努力微笑，谢谢外国人的同情，说他明白跟他讲的是实话，如果能救他的孩子，传教士必定会救的。这样的赞词传教士自然当得起，然而这时候听着，心里就像刀割一样。

在华中地区，伦敦会现有两家女子医院、五家男子医院，第六家很快会建在黄陂。因为我们不久会去看汉口的男子医院，所以就先过江到武昌，看一眼女子医院的工作吧。

武昌城北城墙下坐落着一群外国建筑，相当于一个传教活动的蜂窝。我们的女子医院在其中也许最不起眼，但跟别人一样忙碌。马西（Massey）医生初来时还没有医院的建筑，得用女校的一部分开始工作。这是六年前的事。后来收到了伦敦会在家乡的朋友的慷慨赠礼，首先就用来建了医院。随后，又用一个同道传教士的捐赠，添加了急需的病房。最终，全新而又便利的药房和候诊室也都建立起来了。

伴随房屋设施的扩展，医生和她的得力助手，卡尔弗特（Calvert）小姐的工作也渐具规模。她们的事业从男医院的药房因陋就简地开始，又在一个当地人的家里继续了一段时间，以自己的出色服务，赢得了武昌甚至外地妇女的信任。这可

⊙ 麻风病女孩

以由外地病人的数字来证明。

　　几个星期前我去医院，很荣幸地由马西医生带我参观。我到的时候她正在手术室忙，过了一会儿才能见我。她为耽搁我的时间而由衷地道歉。她的理由不仅能让任何人满意，而且也使我们对传教医生的繁忙生活有了深入的了解："我们整晚都在外面，为一个病人看病直到早晨3点钟。今天本来没安排任何手术，但是有了情况，我们就不得不去处理。"

　　我们先去看了大病房，那里的10张床全部满了，还有3张沙发挤在各个角落，以便在医院满员的情况下还不得不收住病人。随后我扫了一眼有两张床的小病房；那里也有可怜的病友。这是个私密病房，那里的病人每天付两先令就能获得这一特权。有时那里放三张床，那就成了半私密性质了，病人每天则只要付一先令。这天早晨，我看到护士在忙于照顾一个患支气管肺炎的小婴孩。医生告诉我，小孩的祖父在总督衙门任职，治家严厉。人们看小孩似乎病得太厉害，就让年轻的母亲为最坏的情况做准备。母亲得知孩子可能不保，当然非常难过。但是雪上加霜的是来自孩子祖父的命令："如果孩子死了，你们都不用回家了。"他不想让死了孩子的媳妇给这个家带回霉运。我进去时，护士和医生丝毫没有放弃使他康复的希望，但是两个从衙门里来照看孩子的老保姆却正在忙着为他缝制寿衣，为孩子准备的墓地也已经买好了。

　　在医院后面的一间房里有个患麻风病的小女孩。医生指给

⊙ 康复中

我看时顺便告诉我说，小女孩是个可怕的小偷。在祷告时段，所有的护士都去了大病房，她就会溜出房间，去厨房偷食物。由于她会用患麻风病的手拿所有的食物，医院的负责人对后果心惊胆战。她也会去护士的房间偷她们的钱以及任何能拿走的东西。

下面是她的悲惨故事。医生初见她是在 3 年前。她被送到医院来，胳膊严重烧伤。由于知道奴婢一般都受到残忍的对待，她们以为这一定是被女主人有意烧伤的。等发现她的背部和整个身体都是青紫的时候，她们更加肯定这一判断了。她在那里待了大约 6 到 7 个星期，没有人发现任何麻风病的征兆。去年她又来治疗——还是烧伤。这次她说也许是她自己烧伤的，但从没有感觉到。于是，这次她们立即给她做了仔细的检查，发现她得了麻木性麻风病，其他该病的症状也被发现了。当时有机会送她到最近的杭州女麻风病人收容所[1]；但来人把她带走了，因为主人已经把她给了一个仆人，而仆人又把她卖给了一个当地的医生。这个医生"什么都知道，轻而易举就能治好她"！ 马西医生试图从那个人那里把她带回来，但没有成功。大概过了 6 个月。一个星期三的下午，在去做工作日祷告的路上，马西医生见到她边哭边朝医院的方向狂奔。她从主人那里跑出来，来到地球上她唯一受到过善

---

① 应是杭州广济麻风病医院，由杭州广济医院院长英国人梅滕根（Dr. Duncan Main）博士于 1887 年创建，并兼任首任院长。

⊙ 汉口第一码头，英租界工部局

待的地方。因为主人发现她的病没治了，就让她去乞讨——在无情的大街上。

我去访问时马西医生正陷入左右为难之中。疾病已经到了晚期，很难让她坐轮船到杭州了；另一方面，因为怕传染，又不可能继续把她留在医院。后来，问题解决了，她踏上了800里长的去女麻风病人收容所的旅途，那里好心的梅（Main）医生不仅会努力照顾可怜的麻风病人，而且会为其更长的旅途做准备，因为她还有几年的时间。为她祈祷吧，希望她很快就学会爱耶稣基督，"纯洁无瑕"地被耶稣基督接纳，进入他为世上所有爱他的人准备的天堂。

在大病房的一张床上，我看到两个小孩。其中之一的情况特别可怜，由于疏忽，她的双腿都冻坏了，不得不截肢。此外，她还有可怕的斜视，智力看上去也有问题。马西医生希望能够把她送到上海的奴婢收容所去。我问她有多大，回答说："来人说她10岁，但她看上去只有5岁。"她在医院的名字是杰迈玛（Jemima），给了她这个古怪的名字是因为她看上去就很古怪。她只是中国无数的流浪儿之一。她的双亲已过世，落到了亲戚——一个姑妈手中。姑妈马上就让她做了童养媳。

另一个女孩是个快乐的小人儿，显然是病房里的宠儿之一。在去年11月第一次寒潮期间，她也生了冻疮。被忽略一段时间以后，母亲带她来医院治疗。医生告诉母亲，孩子的脚不得不被截掉。做母亲的拒绝了，说孩子脚上感觉不到疼啊，她所

⊙ "繁忙喧嚣的汉口"

需要的就是一些药。过了些时候她同意做手术了。但是当所有的准备工作都完成之后，她又改了主意，用她的脏衣服把孩子包起来带走了。不等到坏死掉的那只脚掉下来，母亲是不让医生做必要的处理，去救她剩下的腿的。很显然，孩子已经"给"了"婆家"，怕婆家猜疑，所以母亲既想要医生治好腿，又不希望她四肢不全。这就是为什么手术后，她把截下的脚用一块油布包着，去给婆婆看的原因！我看到小女孩的时候，她腿上的残余部分包扎得很好。尽管失去了一只脚和另外一只脚上所有的脚趾，4 岁的她仍然在快乐地玩一条外国手绢。

马西医生和卡尔弗特小姐有很多这样的故事可以告诉你。在她们那里，传教士已经能够拯救生命和医治疾病，有的时候也能将被虐待的孩子领向一种全新的生活，并在那里很快就忘掉早年的可怕经历，至少让我们希望如此。前来医院治疗的大都是意外事故或错误诊治的后果。不管什么情况都受到欢迎，所有的人，不论他们是待一天还是数周，都得到医生娴熟的处理和护士的照顾。

每个星期二和星期五是门诊日。来的是那些没有病到需要住院治疗的人，或是包扎伤口，或是拿点药。忙的时候要接待多达 80 或者 100 人。这种时候，富世德夫人（Mrs. Arnold Foster）和妇女查经班会来做礼拜，礼拜之后开始看病。

不言而喻，我们医院所做的不仅仅是配药、清洗伤口、包扎身体。那只是达到目的的手段。上帝派传教士去那里传播欢乐的消息给生病和受难的人，同时也包扎他们的伤口。每天早晨，富世德夫人跟大病房里的病人一起祷告。晚上是马西医生和卡尔弗特小姐轮流，一周宣讲基督教义，一周尝试给无信仰的病人灌输生命的意义。有时候，如果传教士外出了，护士就会带领病人做礼拜。还有，妇女查经班的人每天早晨会来，坐在床边跟病人讲耶稣，护士做自己的工作时也教给病人很多。每个周日下午会在大病房做礼拜。但我认为，病人最乐意的是听女校的基督徒勉励会员（Christian Endeavors）唱圣歌。一些唱得最好的歌手会在病房唱上半个小时。她们唱的圣歌你们都很熟悉，可是如果没有音乐的话，那些穿上中国服装的歌词你就根本认不出来了。不幸的是，这个学期女孩们不能常去唱圣歌了，因为先是流行麻疹，然后是腮腺炎。可怜的女孩们不得不因为她们自己生病、或者害怕传染而远离病人。

在和她们聊工作时我发现，就像别的传教士一样，马西医生和卡尔弗特小姐对她们的工作也有诸多的失望。传教士的工作既为救人的身体，也为救人的灵魂。然而结果常常是，那些人关心自己的身体胜过一切。他们当中很多人都感激所受到的善待，这是一回事；但是只有少数人对传教士的努力有所回应，可以被争取到更高的境界。根据可靠的数据，做门诊病人的工作比做住院病人取得的成果更大。究其原因，一部分是我们给"成果"下的定义，一部分在于住院病人多来自远方，返乡以后很少能够再听到她们的情况，还有一部分是门诊病人的数量更多。

然而，有的时候我们会收到一封来自湖南的信。住在那儿的一家人将永远感激地铭记女医生和她的同事。这个官员的夫人、女儿和儿子一起来医院看病。女孩患踝关节突出症，经过一段长时间的治疗后，腿保住了，不过脚没了。现在她在湖南的家里健康而快乐。装的假脚里塞着脱脂棉，只有她的朋友才知道她失去了一只脚。因为她在医院住了6个月，小男孩多住了5个月，他们学了很多经文。更可喜的是他们还学会了祷告。在男孩远未康复之前，他们家的钱就用完了，因为他们的父亲不光收入低，还吸鸦片。在回家以前，母亲让"圣教的姊妹"和她一起跪在客厅里祈祷；临别时又告诉她们，她知道她们已竭尽所能；回到遥远的家后，他们将继续祷告，让小男孩康复。

在华中地区，有无数的家庭在祈祷，祈祷英格兰的基督徒开始惦念在中国的姐妹们的那一天、早日决定送女医生和护士来中国的那一天。那会在人间留下多少感人的故事。而当医生、病人和那些为同工祈祷、给医院资助的人相聚在不再有痛苦的圣城时，又会是多么的欢欣啊。

第十一章　另一家医院，访问麻风病人

像汉口这么繁忙的城市，工厂林立，数不清的船只装卸工作都是在没有吊车或其他起重机械设备的情况下完成的。可想而知得雇用多少苦力、会有多少工伤事故在此发生。如你所知，伦敦会数年前就已经在汉口建立了医院，大夫的医术已经远近闻名。病人无论何时到位于太平路的医院^①就诊，都会发现医生和护士会竭尽全力为他医伤治病。尤其在适于旅行的春秋季节，无论路途多么遥远、旅行方式多么原始，都会有病人长途跋涉，来到医院，以求治愈顽疾。无论交通工具多么原始，500英里的路程对他们来说都算不了什么。

正是在这些忙碌的几个月里，纪立生（Gillison）医生和他的助手们意识到，这所一点一点加宽加大的老式医院，如今不仅在规模上不能满足巨大需求，而且在很多方面也不符合

---

① 指汉口仁济医院。该院于1866年由英国基督教伦敦会接受捐款而建，1875年购得太平路广南洋行的房地一块，作为扩充院宇之用，1878年扩建竣工。1883年，纪立生开始主持医院工作。1887年医院再次进行扩张。1891年，仁济医院女部（玛格丽特医院）成立，首任医生为纪立生的夫人夏利世。

要求了。很快，医生们的希望开始渐渐实现。新近修建了一些大面积建筑，使他们能做很多原先以为根本做不到的事情。

前不久，一个炎炎夏日的上午，我去这家医院拍照。时值孟合理（McCall Percy Lonsdale）医生在休假，于是高医生（Cormack）带着我参观了各处。我对眼前看到的变化万分惊讶。这些楼上新扩建的宽大的病房的状况，与我春天来时看到的景象完全不同。如今，虽然几乎所有床位都已经满员，却丝毫没有拥挤不堪的印象。一切都井然有序，符合医院的规矩。

而春天的那次拜访却给我留下了非常可怕的印象。那时候不仅病床满员，连床与床之间的空地上也躺满了病人。可是不这样安排，医生又有其他什么办法呢？一名病人听说汉口的外国人能治各种奇病，于是满怀希望，怀揣着为治病而筹集到的钱，长途跋涉了好几天，终于到达了医院。原打算动一个手术，不曾想正是医院最忙的季节，他能入院治疗的希望微乎其微。医生给他做了诊断，发现如不及时动手术，他将性命不保。但是有什么办法呢？病床上已经躺满了人，更不用说那些临时搭设的各种各样不合规格的就寝之地了。除了医生那颗救人于危难的兄弟之心之外，卫生条件、医院法规等一切要求似乎都在说："这个地方已经太挤了，不应该再加任何人。可怜的人！我们为他遗憾，但是除非我们得到更多的钱修建更大的医院，这种人满为患的事情年年都会发生。说几句安慰话，给他一些药，然后打发他回家。"

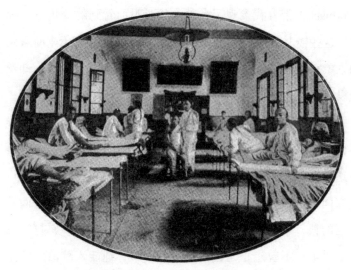

⊙ 我们的汉口医院病房

但是，医生也是人。不错，这个地方已经非常拥挤，不应该再收他进来。不过重新核算病床和睡椅后，医生们找到了解决办法。床上已不能再加人，不过我们可以仅此一次，破例把他安置在两张床之间的空地上，等有床位空出来后再把他挪到床上。在繁忙季节接近尾声时，这种"仅此一次"已经重复了无数次。等到住院高峰过去后，医生们都纷纷告诫自己，下次决不破例。但是下次这种情况再次出现，他们又会再次破例！他们这么做似乎有其理由，因为通过这种方式，病人不但保住了生命，治疗效果也惊人的好。直到今天，很多人都还健康地活着，对在伦敦会医院里度过的时光充满感激之情，尤其感谢医生们"下不为例"地收容了他们入院治疗。

然而，这种情形并非正常。像伦敦会这样有名的医院，在华中进行着如此巨大的医疗工作，理应在不久的将来有更大更好的设施。

这个医院只有两个主要病房区，区区几间为上流阶层或者必须隔离治疗或特殊治疗的病人准备的单人病房。在这样的情况下，一年中却有那么多的人得到治疗并康复出院，真不得不让人惊叹。

几年前，纪立生医生认为应该减少门诊的时间，把重点放在住院病人的身上，因此门诊部的工作时间减少到了一周两天。即使如此，去年一年门诊部收治的初诊病人就不下 3942 人，另有 6500 人来求药或清洗包扎伤口。在住院部，共有

⊙ 一个老乞丐

837人住院治疗，是历年来治疗人数最高的一年。

　　去年，一名12岁男孩被送到医院。这孩子从3岁起就一直饱受病痛折磨，有时候从早到晚痛苦从未停止过。他父亲把他带到医院，怪模怪样的外国人要为他做检查了，他被吓得哇哇大哭。他的父亲一边安慰他，一边说："嘘，不要哭，上帝来救你来了。"他本意是指传教士会救他儿子。男孩很快就克服了对洋人传教士的恐惧。手术后，他再也没有经历过去那样的剧痛了，笑容开始出现在他的小脸上。传教医生来到他床边，他也不再掉泪，而是笑脸相迎。手术一个月后，他已经是满地撒欢的小精灵了。出院日到了，他必须离开医院。他打好铺盖卷，穿好衣服，准备与前来接他的两名男子离开。"他的父亲在哪儿？"传教士问道，脑子里浮现出一个月前抱着儿子入院的强壮男人。"他几天前死了，是喉咙有问题死的。"其中一名男子声音平淡地回答道。像这样的事情再真实不过了。弱小的儿子病愈得救，而强壮的父亲却突然因病而死，可想而知这个打击有多么大了。可怜的小家伙！他大哭不止，无论医生如何安慰，都没有用。后来他们拿出从英国家乡寄来的印有《圣经》经文的卡片，还有一些买糖吃的钱，才使他眼前一亮，暂时忘却了他的巨大悲伤。在他还卧床不起时，老牧师就发现这是一个好孩子，喜欢听《圣经》故事，所以老牧师专门派人送给他一些经文卡片。让我们祈祷，这孩子不仅将记住这个使他脱离病痛的地方，而且还将记住从唐老牧师那里学到的爱。

在楼下的病房区，我见到一个平躺在床上的小男孩。在他的脸上看不出任何生病的迹象。原来，两天前他和几个小伙伴一起玩耍，手上举着一把张开的剪刀来回地跑，不小心摔了一跤，剪刀锋利的刀尖深深地扎进了他的肚子。被送到医院时，本应在肚子里的大部分肠子都挂在伤口外面，医生只好马上把他放到手术台上，缝合伤口。他对医生说的话真让人忍俊不禁："医生，您一定会在我身上找到两个洞，因为我摔倒的时候剪刀是张开的。"他躺在那里，脸上挂着微笑，一点也不害怕这个陌生的地方。要是没有外国传教医生的治疗，他多半会跟这种情况下的大多数人一样，长期痛苦不堪，甚至死于破伤风引起的血液中毒。而现在，他已经完全康复，又能快快乐乐的满地乱跑了。他小脑袋里的洋人形象大大改变，对福音的了解也增进不少。

病房里那些病人的故事太多了，一年半载也讲不完。有的悲惨，有的幽默；有的歌颂勇敢的好人，有的揭示这片土地上令人心惊胆战的众多邪恶事件。这些故事使传教工作人员和朋友们认识到，通过医疗工作，传教士能多么深入地接近中国人的心灵深处，不仅治好他们的身体疾病，更重要的是以此为契机，使他们的灵魂得到拯救。如今，那些竭诚奉献的传教士的医疗工作成为使中国人接近上帝的最好方式之一。这的确是一扇敞开的大门，不会因政治动乱的恐慌而关闭。

通过这扇门，传教士不仅获得了普通民众的信任，就连那些根本不会去教会听福音的达官贵人、文人学子们也非常尊重他们的医术，有病痛时必定向他们求助，并从他们日复一日的慈善工作中接触到了福音。

华中伦敦会传教士的医疗工作还有一点非常重要，值得多花一些笔墨描述，那就是乞丐。到达这个东方古国之后，传教士们才对"乞丐"这个词有了真正理解。你们可能还记得这样一首童谣：

黄狗嗷嗷叫，
叫花子们进城了。
穿破衣，挂零碎儿，
有的还穿着丝棉袄。

在中国，你不得不佩服狗儿的嗅觉能力，它们在很远很远的地方就能闻到乞丐的气味。前不久我所看到的一幕最好不过地展现了这首儿歌的意思。一条横穿过几个邻近村庄的路上走着一名全身脏兮兮的男子。他既强壮又健康，应该是干活的好手，可他却以行乞为职业。他刚刚进入第一个村子，站岗放哨的狗儿头就很不喜欢这个靠吃别人辛苦挣的食物为生的人。"汪，汪，汪，汪"，它叫道，好似在说："来了个好吃懒做、游手好闲的家伙。快来呀，我的快乐哥们儿。把这

⊙ 身体畸形的乞丐

家伙赶走，别让他偷东西或者讨东西，坏了我们村子的好名声。汪，汪，汪，汪。"

于是村子里所有的狗在第一声汪汪叫时都冲了出来，紧紧追在乞丐的后面，用尽力量朝着他狂叫，不给他一丁点儿安宁。这个乞丐试图用棍子和石头把这群狗赶走，但是它们跳着闪开，继续朝他猛烈进攻。它们把他赶出村外，一直赶到了和邻村的交界处。不用说，在那里，他受到了同样的礼遇，另一群凶猛的狗儿热烈地欢迎了他。

在中国，虽然总的来说我们很难对普通的乞丐产生同情，他们中有一组人却总是让我们生怜。我指的是那些麻风病人。你们已经读过关于武昌医院那位麻风病小姑娘的故事，知道在华中地区没有女麻风病人医院。但是在离汉口 45 英里的孝感，有一所为男病人修建的麻风病医院。这是傅乐仁（Henry Fowler）医生竭尽毕生心血创办的。让我们去看一看吧。

去孝感麻风病院首先需要坐两小时左右的火车，然后是 3 英里的乡间小道，或者蹒跚步行，或者坐滑竿。傅乐仁医生总是非常乐于接待任何对他的工作感兴趣的来访者，因为他知道，只要看上那些麻风病人一眼，来访者对他所从事工作的兴趣就会加深，就会对身处痛苦中的病人们产生恻隐之心，对那些竭尽全力向他们伸出援助之手的人们深感同情。

麻风病院占地很大，共有好几英亩，由厚厚的砖墙围着。围墙里有大片的病区和病房，一间药房，几间厨房，还有一大

⊙ 麻风病人跟傅乐仁医生玩耍

片绿草地。然而，看到麻风病人才是最令人震撼的场面。他
们有的正忙着工作，编织发网和渔网。他们坐在地上或者走
廊上，手里飞快地编织着那些网，直到手指溃烂而无法再编。
经过彻底消毒后，这些都是市场上很抢手的货。网卖出去后
的利润他们可以按劳分配，这样一方面他们能挣些零用钱，
另一方面可以有工作操心，免得一天到晚都在想自己的不幸
和痛苦。也有正在休息玩耍的病人，如果愿意，我们可以加
入他们的游戏。我上次去参观时，正好从英国家乡送来了一
些游戏，像掷环游戏、牛板棋① 等。他们对此倍感新奇，兴味
盎然地探讨游戏规则，相互切磋棋艺。看到他们如孩子般地
投入到游戏中，听到他们开心的笑声，人们的心会为之振奋。
站在他们旁边，我能感觉到，奇迹正在围墙内麻风病区的绿
草地上发生：痛苦化为微笑，折磨则因为内心深处满怀喜悦
而变成笑声。让我们万分感谢那些创造这些奇迹的人和他们
的工作。

　　另一值得一看的精彩场面是麻风病人在教会的场景。显
然，所有人都在兴高采烈地唱歌。通常，在大多数地方，只
要教会的会众们能够尽力同时唱而且不走调，我们就心满意
足了。可是，在孝感，你要是听到麻风病人们的歌声，你真
的会不得不佩服，他们唱的声调是那么优美，唱得那么情真
意切。傅乐仁医生本人非常喜欢唱歌。显然他花了不少时间

---

　　① 类似象棋，以棋子走到印有牛头的棋格为胜。

和精力，教导这些可怜的人如何敞开歌喉。

有些人可能会说："能让麻风病人心存感激的事情肯定不多！"这其实是大错特错了。不信你问问他们看！或者，最好让他们中的一个人告诉你他的故事，然后再仔细想想，看你能否想起英国家乡的任何人，能像这个被病魔折磨的汉人那样，热爱他的救主。

他是一个家境不错的船夫之子，然而他的母亲却有麻风病。他的父母并不信教，但对儿子管教得还不错，把4个儿子都送进了学堂。长大后，他们都子承父业，成了船上摇桨的船工。母亲为了避免使自己患上麻风病的恶鬼再来缠自己的儿子，给他们取了非常下贱的名字。4个儿子依次叫作"大狗儿""二狗儿""三狗儿""四狗儿"。不多久他们的妈妈被这病魔夺去了生命。然而这个"欺魔骗鬼"的方法并没有奏效。大狗儿步其母亲的后尘，死于麻风病。不久二狗儿和三狗儿也先后染上了这一恶疾。

来找傅乐仁医生看病前，"三狗儿"已经改名，新的名字为"领头"的意思。住院期间，他真的是名副其实，在各个方面都起了很好的带头作用。还是很小的时候，他在自己的村子里就听说了洋教。没用多久，他就了解了基督教的基本教义。很快，他就被委以重任，负责最大的一片病区。没有人比他更尽职、更能担当这一重任了。他所负责的病区里的病人是最安静的、最令人满意的，他们的病房也是最干净整齐的。据傅医生说，这个年轻人为人真诚，极富同情心。他不仅知错即改，而且极为诚实而谦卑地克服在基督教意义上的弱点和不足。

最后，在精神生活上，他也成了一名领头人。他的能力在他每日打开《圣经》、带领他的麻风病友做祷告时得到了最大体现。然而，不可避免的结果还是终于来了。他的病情开始恶化，一只眼睛受恶毒的溃疡侵蚀而完全烂掉。即使在这样的痛苦与困顿中，他依然是那么冷静和勇敢，坚定不移地相信救主。当他得知在世的日子已为数不多时，他回了一次他出生的村庄。三个星期后他回到病院，离生命结束只有几个小时了。傅医生一直守在他身旁，直到他生命的最后一刻。他跨过冰冷的冥河之水，胜利地进入那永恒之城。他那瘦削的、几乎被病魔吞噬殆尽的脸转向天空，似乎看见了天堂的门已向他打开，正在与上帝救主对话。在寂静的深夜，在病友们的陪伴中，他告别了被麻风病侵蚀的身体，进入天堂。

无论是坐在教堂里观察他们全神贯注地聆听牧师讲道，还是加入他们唱诵赞美诗，我们都无法抑制感激之心。听着他们略带童音的尖音和粗哑的低音混合在一起时，你会觉得这是一种从未有过的奇特声音！麻风病能使人看上去比实际年龄大得多，使一个小男孩看上去像个小老头，但是却额外开恩，没有完全夺去他应有的嗓音，使他能从歌唱中减轻一些痛苦。在全体起立齐声吟唱时，那些深沉而虔诚的声音似乎在说："是的，我们麻风病人看上去可能很可怕，但是我们的肉体将获得新生，我们的衣袍将被羔羊之血洗得洁白。"毫不奇怪，有的麻风病人虽然在病院停留时间很短，但他们中50%以上的人在告别人世前都已经改变心志。

看过他们的储藏室后，我们更深地体会到，为如此大的一个家庭提供补给是多么不容易。每天，60张嘴要吃饭，60个身体要穿衣，更不用说给60个身体治疗和清洗伤口所需要的药物和器具了。每年，小小的麻风病人坟地里要掩埋20名死去的病人。然而，空出来的床位总是很快就被填补！食物、衣服、医用纱布、药品、医疗器械以及葬礼所需物品，等等，都是由那些心灵受到上帝感动的人们捐赠的。这样的一所病院的需求就如此之大，更不用说比这更大的病院了。让我们感谢杨格非博士构思了这一宏伟蓝图；也感谢傅乐仁大夫来到这里，把蓝图付诸实施，并且使这一事业日渐壮大。

第十二章　兴学启蒙

10 年前，伦敦会华中教区委员会意识到，开辟新的传教路径的时刻已经到来，那就是兴学启蒙。在这之前，已经有一座大教堂建了起来。与这教堂有关联的是一大批基督徒的孩子。这些孩子当时只能上本地人的学校接受教育。他们中间应该产生我们未来所需的教师和牧师。但是，如果我们在他们尚年幼时放任自流，不努力为他们提供了解基督和《圣经》教义的途径和培训，后果会不堪设想。不错，是有几所小学可以供他们选择，但在那里任教的全是未经任何训练的教师，采用纯中国式的教学方法。在汉口的几所学校里，有几位传教士尝试着亲自上课。但是这远远不够。"对基督教教会来说，一所由异教徒当校长的学校比根本没有学校还要糟糕，"传教士中的一些"中国通"如此认定。任何传教士，只要他们观察过用异教徒的思想灌输学生的学校，又管理过有基督气氛的学校，都会对此深有体会。他们坚定不移地支持这种看法。

⊙ 学院的学者和老师，杨格非博士居中

我们不仅需要基督教学校，而且也需要有不同年级的学校和面向不同阶层人士的学校。虽然人力财力都还很缺乏，我们已经认真开始向着这个目标努力。现有的学校进行了改制，以确保每所学校都能实行标准统一的教育。一座生产茶叶盒的老旧工厂被买了下来，经过改装整理，外墙刷上油漆后，旧貌变新颜，变成了第一所高中[①]，由马辅仁牧师（A. J. Macfarlane）任校长。学校主要面向汉口那些家境宽裕、地位崇高、父母为基督徒的子女，旨在提供在普通全日制学校得不到的有基督教影响的教育。课程设置或许还不全面，但也足够那些刻苦用功的男孩子消化吸收了。他们中的很多人虽然已经 16 岁或者 17 岁，却对很多科目连基本的入门知识都没有。这些学生们将学习汉语书籍、圣经、数学、地理、初级科学、历史以及英语。

女孩子并没有被遗忘。除了小学以外，还会为她们建一所寄宿学校。我们稍后会详细叙述富世德夫人在这方面所取得的巨大成就。

此外，迫切需要建立的学校还有三种。不管是城市还是乡村，教师都很缺乏，因此，迫切需要建立一所师范学校以培养师资。即将被派往乡村传福音的男士们需要上一门特殊课，以使他们对即将开始的伟大工作做好思想准备，因此，神学

---

① 指博学书院（London Hankow College，后称博学中学，现为武汉市第四中学），1899 年 4 月创建，最初校址位于汉口后花楼居巷。

院的建立不可避免。在充满江湖庸医的国度里，医疗事业至关紧要。必须为那些实习的医学院学生做好各种准备，使他们最终成为医术精湛和受人信赖的医生。此外，还需要大量女性解读《圣经》。因此，纪立生夫人组织成立了妇女培训所，在中国内地会周济川夫人（Mrs. Lewis Jones）的协助下，做了大量有益的工作。

这正是 10 年前传教士们的梦想。今天，参观者到处都能看到 10 年的辛劳与祈祷所带来的果实。虽然还没有实现所有理想，但无论在哪一方面，传教士们都能看到，离理想实现之日越来越近。

富世德夫人创办的女子寄宿学校①坐落在江对岸的武昌城女子医院旁边。虽然它是义和团运动之前才创立的，但在过去的几年里已经发展成为一个名副其实的教育活动中心。富世德夫人全面负责学校工作，其最大心愿就是让每一个女孩子受到完全的教育。她的努力得到了专门来协助她工作的赖特小姐（Miss Light）的全力支持。

学校共分为初级、中级、高级三个部。上学期高级部有 24 个女孩，分成两个班进行教学。与其他大多数类似学校一样，富世德夫人的女校的教学内容也不仅仅局限于传授知识。

---

① 据中国文献记载，1897 年，基督教英国伦敦会的富世德女士在昙华林仁济医院的边上，创办了懿训书院。1922 年该校迁至汉阳东门，改为懿训女子中学。1931 年又迁至汉口，后演变为武汉市第 21 中学。

女孩们要承担打扫学校卫生之类的大部分内勤事务，而女红理所当然是必须学习的几门基础课之一。我发现她们算术学得很好，已经学到立方根了。大概我们中的很多人早已经忘记了怎样求立方根吧？她们的《圣经》教育进行得非常仔细认真，而日渐兴盛的基督教勉励会给她们提供了很多机会，使她们能学习如何将所学到的教义传授给他人，从而为她们日后成为各乡镇女性基督徒的领导人物做好准备。其他需要学习的科目包括汉语阅读与写作、地理、天文学、自然历史、中国历史。想一想，大多数中国普通女性根本没有受过任何教育，而这些在女校受过教育的学生将长大成人，能够教育自己及他人的子女。不难想象，那时候她们所释放的能量将有多大！

在年长一些的女孩中，有些人是从初级班就开始的，到了高级班时，她们对天天上课的教室的喜爱和留恋，对学校矢志不渝的忠诚程度，绝不亚于英国家乡学校里的那些学生。在这里，学生们相互之间产生了真诚持久的友谊。分手之日到来时，不论是即将离校的还是继续就读的，都是伤心至极。

但是那些第一次来上学的女孩，由于没有经过严格的纪律训练，不可避免地会带来一些麻烦，尤其是那些处于"发育期"的女孩。在一个教室里，一名8岁女孩坐在那里，身后是一名年纪比她大一倍多的女孩。她们中有些人很快就会出嫁，未婚夫把她们送到这里来，只求她们起码学会认字！难怪有些

⊙ 写作课

人会觉得在这里过得不开心，感到厌倦。另外，有些孩子由于年纪太小，总是想家。上学期，教会的一名执事把他的小女儿送来上学，竟然还有一名同龄的小女孩陪读。已经有相当多的人申请那为数不多的几个空位子，但是，出于照顾基督徒的考虑，富世德夫人选择了她们，而没有收其他或许更有发展前途的孩子。期中放假时，这两个孩子回家住了几天。返校的日子到了，却不见她们回来。过了一段时间我碰见她父亲，询问她们为何违反学校纪律不返校。他说，她们太恋家了，不过第二天就会回校的。然而，那天稍晚时分，他又告诉我说，孩子们实在不愿意回学校，声称宁愿跳进汉江也不回去。她们在家里自由散漫惯了，一点都不喜欢学校的生活。对她们来说，学校生活最大的一项"磨难"就是不得不洗澡！有一两次，执事也保证要把她们送回来。但是现在学期已经结束，看起来她们是不会回来了。或许，由于母亲的愚蠢和父亲的软弱，两个小女孩已经获准待在家里嬉笑打闹，再也不会有机会受到合适的教育了。

在寄宿学校里，教师们看到了很多中国社会生活的缩影。这所学校有一名女生，与一名叫作"约翰"的男孩订了婚。她自己 12 岁，而未婚夫约翰只有 10 岁。约翰的奶奶为她订了这门与基督徒之子的亲事，以便她也能得救。她因此被送到这所教会学校。在《圣经》班上，她接触到"约翰"这个名字，但无论如何都不愿开口把它读出来，甚至给她重复补课都没

⊙ 魏小姐上课

有用。你知道，在中国，女人绝不可以直接说起丈夫的名字。所以，当碰到代表丈夫姓名的字时，这名女孩会不好意思地窃笑，班上其他女孩也会咯咯笑，把老师弄得既惊奇又气恼，直到最后弄明白到底是怎么一回事。在学校里，遇到两个学生吵架，大多数情况下，都是因为一方大声喊出了另一方父亲的名字。按照中国的规矩，这是绝对不允许的，对方会感到受了极大侮辱而对之无比憎恨。"她乱喊我爸爸的名字！"当怒气冲冲的小女孩向校长告状、希望校长以各种手段惩罚小伙伴时，通常是以这句愤怒的控诉开始的。

还有一个女生，是一位小官吏的女儿。出于疼爱，这位官吏教会了女儿读书写字。她现在只有 13 岁，但是来这里上学之前已经开始做家庭教师，教那些比她自己大许多的成年人了。富世德夫人认识她时，她因为髋关节疾病在医院治疗。出院后，她进入这所女子寄宿学校，急切地学习一切知识。她的父亲为了给她筹集到必须要交的费用颇费了一番周折。仅仅一个月时间，她就掌握了四则运算。如果她能在学校待足够长的时间，她会成为一名非常聪颖的学生。但是她的家境并不算富裕。第一个月他们好不容易筹足了 3000 文钱（相当于 6 先令）。近几个月，富世德夫人已经把月费减少到 2000 文，因为他们的确无法支付更多。这点钱顶多也就够她每个月的伙食费，因为每个女孩平均每天需要一便士半。不过，女生们自己做鞋做袜，缝其他各种衣物，自己洗衣服，刷地板，也就省去了很多"额外开销"。

富世德夫人提起她这些女孩子，总有说不完的故事。有的已经离开学校，嫁为人妻。然而她们从未忘记这个"老家"，经常回校探访，一方面来展示她们的新生孩子，另一方面借机再次回顾往日在学校度过的快乐时光。有一位现在住在很远以外的湖南。她的心愿就是她的孩子们长大后也能来这个学校上学，像他们的母亲一样，在这里度过快乐的童年时光。另一位在学校待了很长时间的"老生"，目前在一所官办学校当算术老师，报酬为每小时30个铜板，比那些干体力活为生的壮汉一天挣的钱还多，可是，她的数学知识仅仅限于四则运算。

凡是参观过这所学校的人都有这样的印象：无论是日后作为教师，还是作为母亲，这些女孩现在接受的培训将使她们成为真诚善良的女人。这一切在不久的将来对中国将会无比珍贵，因为在她们的抚育下，从小在善良和真理熏陶下成长起来的孩子，将会成为这一帝国各行各业的启蒙者和先行者。

在汉口老城区，有一条狭窄肮脏的街道，因为沿街有很多猪圈而被人们称为"猪巷"。与之隔街相望的是汉口城的教育大本营——博学书院，一所由"茶叶盒厂"改建而成、马辅仁牧师与助手们为其打下良好基础的伦敦会学院。今年，所有的教室都坐满了刻苦学习的学生，参加夏季考试的学生超过100人，成为学校有史以来最高的一年。学生宿舍因太过拥挤而不大雅观。好在最热的几个月已经过去，而男生中没有爆发严重疾病，我们对此万分庆幸。

这所学校的教学内容与英国家乡的所有学校相似，只有一点例外：汉语是学生们的母语，英文取代了英国学校课程中的拉丁和希腊语。在低年级部，几乎所有科目都用汉语进行教学，包括数学、地理、历史，等等。学生一入校就必须学英文。那些入校前没有任何英语基础的学生，无论年龄大小都被分在第一级。看着一个 9 岁男童和一个 19 岁男青年并排坐在那里，从最基本的拼读开始，在启蒙书的复杂迷津里同路前行，是一件让人觉得很有趣的事情。通常，年长的比年幼的理解得更快，从而更早地升入第二级，但年幼的孩子的发音却比年长的更标准自然。

等升入第六级后，学生们通常都能很好地进行英语阅读和习作了。由于他们仍然用汉语思维，他们的作文练习里有时会出现一些令西方人奇怪和费解的段落。如果说男孩子们有时会取笑英国老师说汉语时的一些怪腔怪调，老师们在改正他们的英语作文时也有机会取一下乐。有些男孩学业的确优异。有个现已留校教低年级的男生，曾经听写时通篇没有一处拼写错误。有一天，当看到一份没有任何错误的学生答卷时，一位当时正好在汉口停留的英国商人说："哇，那些词连我自己也拼不出来！"

与中国人自己办的本地学校相比，我们的学生每天的学习

⊙ 新学院奠基

时间没有那么长，但也已经是相当长了。从早餐前的中文"早自习"开始，他们一天的学习要直到晚上 8 点半的"晚祷告"才会结束。早上 9 点钟，在神学堂举行的晨祷结束后，学生开始上第一堂课。12 点半进午餐。午餐后到下午 2 点是游戏时间。4 点钟，所有课结束，学生们进晚餐。然后是一天的娱乐时间。学生们根据自己的兴趣和能力，有的踢足球，有的打板球，有的练习摄影，或者做一些自己喜爱的活动。田径运动会召开之前，他们都会刻苦训练，做好准备。那时候来参观校园的人会看到，这些年轻人为了赢得荣誉，在非常刻苦地练习跑步、跳高或者撑竿跳高。那些不擅长脚上功夫的学生则忙着在练习举重或者扔板球。

男生们成立了他们自己的基督教青年会，还有一个英语口语俱乐部。每个星期六他们有半天的自由活动时间，但晚上都会在青年会聚会。口语俱乐部的活动尤其受欢迎。

在汉口以西 6 英里处的汉江旁，书院的新校区正在修建。那将是博学书院的第一个永久校址。学生们怀着激动的心情，期盼着在那里开始 1908 年度的工作和学习。

这些学生毕业后都将做些什么呢？有的会进入其他学校"继续深造"。前几天，上学期英语班第五级学得最好的一名学生来看我，向我描述他在上海一所军校的学习情况。记得去年有一次，我问他将来做何打算。他脸上有些羞涩，同时也带着少年的自豪，说道："我要为我的祖国服务。她此刻太需要帮助了。我希望能去日本学习军事作战策略。"

上个星期，我去邮局询问一件包裹的事宜。为我服务的正是去年在体育锦标赛上赢得克拉克盾牌奖的冠军。同一天晚些时候，我去发一封挂号信时，接待的正是我去年英语班第六级的学生。我问他我们学校一共有多少学生现在在邮局工作，他告诉我一共有 11 人。有些学生在其他省份的官府衙门供职，或者在学校里教书，有的则在商务部门服务。能说英语的年轻人无论何时何地都能找到工作。也有一部分人，虽然是少数，但我们非常为他们感到自豪：他们选择留下来与我们一起工作，而不是去别处另谋薪水高两三倍的职业。

大概一两年前，某家报上登了一则广告，声称一位中国老师能教"英文"，至少能教从 A 到 G 的字母。这着实让我们大笑了一番。昨天，一名学院教授跟我说，他最懒惰的一名学生，一个英语句子都既说不完整也说不明白，却被聘为一位高官的英文翻译。人们问他是如何谋到并保持这个职位的，他轻描淡写地说："啊，我会一点英语，而他们一丁点都不会，所以，这工作也就很容易了！"

中国很快就会明白，学校里的教书先生如果自身没有得到恰当的培训，他是教不好书的。他也许对西方的学问什么都知道一点：学过一点儿算术，懂得一点儿地理，也许还了解一些支离破碎的科学知识，因此他可能比那些一无所知的人在求职上强一些。然而这种对一切一知半解的人只能满足一时之需。中国也有诸多受过良好培训和教育的人，他们能承担起教育他人的重任。然而中国需要千百万这样的人，而现实中这种人却少而又少。

目前，中国看上去愿意为教育付出一切，但是他们要得太迫切，因而变得急功近利。有的学者甚至认为，把几本外国教科书翻译成汉语，就能得到他们所需的一切。他们没有想到，教师的素质才是教育中的最大因素。他们的想法是："有书就够了，还要别的干什么？让学生自己学就可以了。"

有一次，一位中国牧师来询问，他那不算聪明的侄子是否能学会摄影。我向他指出，摄影所需设备非常昂贵，而他自己并不富裕。而且，在他家乡并没有摄影师，所以他侄子很难学习怎样拍照片和冲洗照片。听完我的话，牧师不假思索地答道："先生，您知道，我们街上有个人，他有一本关于摄影的书，如果有人想学，只要付一块钱的学费，他就愿意教。"

"这个人自己会照相吗？"我问道。

"不，他不会照，先生。他只是开染坊的。不过他有书，他不需要任何工具也能教你怎样摄影、怎样造钟表、怎样造肥皂。"

事实是，几百年来，书本已经代替了教师。学童只需重复背书，直到背得滚瓜烂熟。如果他能背出来，就是一个好学生。如果背不出来，就少不了挨板子、受训斥，直到课文已经熟记于心。

⊙ 高中生做体操

从我们教会学校毕业的学生有很高的商业价值。不用说，他们有可能会受高薪诱惑，选择教会以外的职业，而不是为教会和那些境遇不如自己的同胞服务。然而他们中的大多数人都将坚持所学到的基督教教义，以及植根在他们心中的崇高生活理想。如同每一所其他学校的毕业生一样，我们的毕业生中注定也会有失败者，但是一个成功者远远重于多个失败者。我们所目睹的成功又激励着我们更加努力，赢得更多年轻人的心。同时我们也时刻铭记着，我们今天播种，却经常要等若干年后才会有收获。

在这座教育大本营里还有神学堂。这是几年前杨格非博士交给伦敦会来管理的。现在，这里除了培训我们未来的牧师，也培养那些未来的教师。这种双重功能不会改变，直到师范学校建好。

医学院则暂时安扎在"猪巷"对面的男科医院里。这是华中地区第一家这种类型的医院。在纪立生医生和高医生的管理下，18名男青年在这里接受医学培训。我们希望他们中的大多数人能学会治病救人所需的知识和技术。

随着这种向非传统的传教方式的偏移，在汉口的各位传教士的工作也有所改变。在他周围，一个崭新的中国正在成长，这是50年不间断的讲经布道的结果。或许关于课堂与教室的描述算不上精彩浪漫，不像传教士的日记，记载了主人公从容面对自然界可能出现的种种危险，从野兽到野人，从黑暗的大地到置人于死地的气候。然而，在过去的 100 年，十字架已经在中国竖起，这一工作变得越来越有必要。中国今天太需要受过良好培训的人才。这种需求在我们的教会和学校尤为突出，那里需要越来越多的合格的中国牧师和教师，代替外国传教士去教导年轻人。中国教会的未来掌握在这些中国同工们的手上，他们会使教会不断发展。而这些中国同工们的发展和成长又与传教士息息相关，或者说，取决于传教士的为人与品性，因为他们将是他的化身，体现他的一切特点，不管是优点还是缺点。这一培训中国同道的工作已经安排妥当。虽然只是刚刚起步，但凡是接触过的人都知道并且相信，这是一项充满光明、开创伟大事业的工作。

那么，在中国开展基督教传教工作的可能性到底有多大？答案只有一个，用那位传教士先知的话来说，"远远超出我们所要求的和设想的"。看一看下面的比较就能很清楚地预期会有哪些成果。截至目前，已经有三次宣教大会在中国召开，分别于 1877 年、1890 年以及今年。在每一次的会议上，人们都无一例外地反复回顾身体力行宣教的传教士数量和皈依者数量等等数据。把各年的数据列成表格相互对比，我们不仅能看到过去这么多年来我们已经取得了哪些成绩，更能清楚地看到，基督教的影响正势如洪水一般，不可阻挡地在中国传播。

让我们记住，在这个帝国传教的早期岁月里，马礼逊及他的后继者们为敲开汉人之门把福音带进来所做的种种努力，这些努力是那么艰辛，可是在当时看来又那么无望。再让我们怀着一颗感恩之心读一读下面表格里的各种数据，它们再好不过地反映了我们过去30年的历程。

	1876 年	1889 年	1906 年
在华工作社团	29	41	82
传教士	473	1896	3833
传教站	91		632
传教点（由中国牧师管理）	511		5102
受按立的中国牧师	73	211	345
未受按立的中国牧师	511	1266	5722
妇女讲经员	90	180	894
领受全部圣餐的教徒	13035	37387	178351
观察期教友			78528
教会学校学生	4909	16836	57683

这些数字表明，作为基督精神的促发剂，传教士做出了多么勤奋的努力。

可以看出，教育领域里有十分长足的进步。不仅教会学校的学生数量在两次大会之间的 17 年里增长了 3 倍，而且至少有 15137 人在高中和书院接受了全面的教育。然而，最大的成就是教会工作的直接增长，因为不仅是皈依者的人数大幅度上升，本地教会的自助资金也以同样比例迅速增长。1876 年，教会所得捐赠款只有 1030 英镑，1889 年上升到 4096 英镑，到 1906 年，飙升到 33462 英镑。

除了大量能定期去教会直接聆听牧师宣讲福音的会众外，

每年大约还有 200 多万病人在 300 名受过充分培训、各方面都合格的医疗传教士的医治下，不仅解除了身体上的病痛，灵魂也同时受到了熏陶。

九州出版社好书推荐

【历史现场】

《中国近代史》，蒋廷黻 著

《激荡的中国》，蒋梦麟 著

《1911，一个帝国的光荣革命》，叶曙明 著

《1919，一个国家的青春记忆》，叶曙明 著

《山河国运：近代中国的地方博弈》，叶曙明 著

《千古大变局》，曾纪鑫 著

《喋血枭雄：改变历史的民国大案》，张耀杰 著

《沈志华演讲录》，沈志华 著

《周恩来在巴黎》，［日］小仓和夫 著，王冬 译

《生命的奋进》，梁漱溟 熊十力 唐君毅 徐复观 牟宗三 著

《高秉涵回忆录》，高秉涵 口述，张慧敏 孔立文 撰写

《人间世：我们时代的精神状况》，余世存 著

《危机与转机：清末民初的道德、政治与知识人》，段炼 著

【历史与考古】

《中国史通论》，［日］内藤湖南 著，夏应元 钱婉约 等译

《历史的瞬间》，陶晋生 著

《玄奘西游记》，朱偰 著

《瓷器与浙江》，陈万里 著

《中国瓷器谈》，陈万里 著

【钱家档案】

《楼廊闲话》，钱胡美琦 著

《钱穆家庭档案》，钱行 钱辉 编

《温情与敬意》，钱行 著

《两代弦歌三春晖》，钱辉 著

【饮食文化】

《中国食谱》，杨步伟 著，柳建树 秦甦 译

《故乡之食》，刘震慰 著

《南北风味》，王稼句 选编

《南北风味二集》，王稼句 选编

【怀旧时光】

《北平风物》，陈鸿年 著

《北平往事》，王稼句 选编

《人间花木》，周瘦鹃 著，王稼句 编

《把每一个朴素的日子都过成良辰》，晏屏 著

《读史早知今日事》，段炼 著

《念楼书简》，锺叔河 著，夏春锦 禾塘 周音莹 编

【书话书影】

《书世界·第一集》，Bookman 主编

《鲁迅书衣录》，刘运峰 编著

《中国访书记》，［日］内藤湖南 等著

《蒐书记》，辛德勇 著

《学人书影初集》（经部），辛德勇 编著

《学人书影二集》（史部），辛德勇 编著

《学人书影三集》（子部），辛德勇 编著

《学人书影四集》（集部），辛德勇 编著

【JNB 笔记书】

《红楼群芳》，［清］改琦 绘

《北京记忆》，［美］赫伯特·怀特 摄影

《鲁迅写诗》，鲁迅 著

《胡适写字》，胡适 著

【长河文丛】

《旅食与文化》，汪曾祺 著

《往事和近事》，葛剑雄 著

《大师课徒》，魏邦良 著

《书山寻路》，魏英杰 著

《旧梦重温时》，李辉 著

《四时读书乐》，王稼句 著

《汉代的星空》，孟祥才 著

《从陈桥到厓山》，虞云国 著

《寂寞和温暖》，汪曾祺 著

《城南客话》，汪曾祺 著

《天人之际》，葛剑雄 著

《古今之变》，葛剑雄 著

【大观丛书】

《活在古代不容易》，史杰鹏 著

《快刀文章可下酒》，邝海炎 著

《时光的盛宴：经典电影新发现》，谢宗玉 著

《你不知道的日本》，万景路 著

《私家地理课》，赵柏田 著

《壮丽余光中》，李元洛 黄维樑 著

《一心惟尔：生涯散蠹鱼笔记》，傅月庵 著

《悦读者：乐在书中的人生》，祝新宇 著

《民国学风》，刘克敌 著

《大师风雅》，黄维樑 著

【历史地理】

《中国历史地理·第一辑》，辛德勇 主编

《史地覃思》，陈桥驿 著，范今朝 周复来 编

《山海史地圭识》，钮仲勋 著，钮海燕 编

《山河在兹》，张修桂 著，杨霄 编